W0320936

Stefanie Glaschke

Mein magischer Alltag

Das Hexen-Handtaschen-Buch

Stefanie Glaschke

Mein magischer Alltag

Das Hexen-Handtaschen-Buch

© Lüchow in J. Kamphausen Verlag, Bielefeld 2011

info@j-kamphausen.de
www.weltinnenraum.de

1. Auflage 2011

Lektorat: Regina Rademächers, agentur SpuK
Umschlag & Satz: Kerstin Fiebig, ad department
Druck & Verarbeitung: Westermann Druck Zwickau

Bibliografische Information der Deutschen Nationalbibliothek
Die Deutsche Nationalbibliothek verzeichnet diese Publikation in der Deutschen Nationalbibliografie; detaillierte bibliografische Daten sind im Internet über http://dnb.d-nb.de abrufbar.

ISBN 978-3-89901-441-9

Dieses Buch wurde auf 100% Altpapier gedruckt und ist alterungsbeständig. Weitere Informationen hierzu finden Sie unter www.weltinnenraum.de

Alle Rechte der Verbreitung, auch durch Funk, Fernsehen und sonstige Kommunikationsmittel, fotomechanische oder vertonte Wiedergabe sowie des auszugsweisen Nachdrucks vorbehalten.

Stefanie Glaschke

Mein magischer Alltag

Das Hexen-Handtaschen-Buch

Lüchow

Inhaltsverzeichnis

Vorwort

"Als Hexe geboren und Hexe geblieben ..." – das habe ich einmal über mich selbst geschrieben. Mit dem Begriff Hexe wird meist etwas Vergangenes, Altes assoziiert. Ich wurde aber vor etwas mehr als 40 Jahren geboren, nicht in der Antike und auch nicht im Mittelalter. Was meint eine moderne Frau damit, wenn sie sich in unserer Zeit als Hexe bezeichnet? Als Frau von heute betrachte ich das Hexesein und mein Leben als solches unter verschiedenen Gesichtspunkten: Die Hexe der Vergangenheit war eine Person, die sich nicht mit oberflächlichen Betrachtungen zufrieden gab. Sie war interessiert an der seelischen und körperlichen Gesundheit des Einzelnen und noch stärker an der Harmonie in der Gruppe. Aus diesen Gründen war gerade das Heilen und das Feiern der Rituale ein wichtiger Aspekt ihrer Arbeit. Hexen war bewusst, dass ein Individuum nur in der Gruppe überleben kann. Gleichzeitig kannten sie den Zusammenhang zwischen Mensch und Umwelt.

Auch die moderne Hexe ist sich dieser Zusammenhänge bewusst. Deshalb stellen sich gerade in der heutigen Zeit der Entfremdung und der Funktionalisierung des Menschen den modernen Hexen große und wichtige Aufgaben, doch daneben gibt es auch ein ganz normales Leben zwischen Alltag, Beruf und Privatem. Selbst-

verständlich wende ich die Magie in jeder Situation meines Alltags ebenso an wie zu den großen Festen, an denen ich für mich und meine magischen Wegbegleiter Rituale feiere.
Wie kann ich die weiße Magie nutzen, um im Alltag glücklich und gesund zu leben? Auf jeden Fall gibt es keine alltägliche Situation, auf die die weiße Magie keine Antwort wüsste. Diese Erkenntnis ist nicht neu, nur leider für viele in Vergessenheit geraten.

Das vorliegende Buch gibt dir Antworten auf viele Fragen, die sich im Alltag immer wieder stellen. Am Ende des Buches findet die unerfahrene Hexe einen Überblick über die im Buch verwendeten Begriffe, die vielleicht nicht jedem geläufig sind. Löse deine Aufgaben mithilfe der weißen Magie und genieße ein selbstbestimmtes und vor allem glückliches Leben.

Ich freue mich, wenn ich dich einmal als Besucher oder Besucherin in einem meiner Kurse oder auf *www.hexenvonheute.de* treffe.

So sei es!

Stefanie Glaschke

Einleitung

Ich werde dieses Buch mit einer kleinen Geschichte beginnen:

Der Waldgeist

Eine junge Frau wurde des Nachts von einem Waldgeist besucht. Der Waldgeist hatte ein angenehmes Äußeres mit einer sanften Ausstrahlung und die junge Frau fasste sofort Vertrauen zu ihm, obwohl er ihr doch fremd war.

Er sprach zu ihr: „Ich bin gekommen, dir deinen drängendsten Wunsch zu erfüllen." Die junge Frau lächelte, im Herzen wusste sie um die Wahrheit seiner Aussage. „Mein drängendster Wunsch ist ein lieber Mann an meiner Seite."

Der Waldgeist nickte und nahm sie bei der Hand. Er führte sie an einen kleinen See. Der volle Mond strahlte in seinem schönsten Silber vom Himmel, große Bäume standen wie Wächter um den See herum. Der See selbst lag still und würdevoll vor ihnen.

Der Waldgeist sagte: „Wenn es dir gelingt, übers Wasser in die Mitte des Sees zu gehen, wird dein Wunsch noch in diesem Jahr wahr werden." Die junge Frau setzte einen Fuß auf die Oberfläche, doch er versank im Wasser. Immer wieder versuchte sie es, aber es war ihr unmöglich, über das Wasser zu gehen. Als der Mond fast unterzugehen drohte, wurde sie zornig und fuhr den Waldgeist an: „Ich kann nicht übers Wasser gehen, ich bin ein Mensch."

Der Waldgeist hatte nichts als Sanftmut in der Stimme, als er ihre Hand nahm und sie am Ufer entlang führte. Sie kamen an einen schmalen Steg, der direkt in die Mitte des Sees führte. Die junge Frau sah den Waldgeist beschämt an und der sagte: „Eben weil du ein Mensch bist, gebrauche deinen Geist. Ein Wunder habe ich nicht verlangt."

So wie der jungen Frau geht es vielen, die sich für einen magischen Alltag entscheiden möchten. Das tiefe Wissen um die Wahrheit der Magie ist bereits in der Seele vorhanden, doch man fürchtet, den hohen Ansprüchen nicht gerecht werden zu können. Dabei geht es nicht darum, stets weise zu sein, Wunder zu vollbringen und sein Menschsein hinter sich zu lassen. Es geht vielmehr um Bewusstsein. Sich seiner selbst bewusst sein und wahrnehmen, was in der eigenen Umgebung geschieht, das ist das Rezept für einen magischen Alltag.

Moderne Hexen nutzen ihren Geist, statt sich konsumabhängig von einer Betäubung in die nächste zu flüchten. Und Magie wirkt immer. Bewusstsein kann ein Mensch nicht nur nach Feierabend haben, auf der Yogamatte und räucherstäbchenumnebelt. Denn dort findet nicht unbedingt Bewusstsein statt, sondern Weltflucht. Die weiße Hexe liebt die Welt, so wie sie ist, und sie begreift, dass sie ein Teil dieser Welt ist und eben diese Welt mitgestalten kann. Das war auch bei den heute oft idealisierten Hexen vor unserer Zeit so. Ein Christ betet ja auch nicht nur, er lebt auch. Ein Bäcker backt nicht nur seine Brötchen, er macht alles andere, was zum Menschensein gehört, ebenso. Eine Hebamme steht nicht nur für ihre Arbeit auf, sie hat auch ein Leben. Als moderne Hexe habe ich Kinder und eine Partnerschaft, Freunde und Aufgaben, die es zu bewältigen gilt. Ich muss Wäsche waschen und Essen kochen, Geld verdienen und Konflikte lösen. So wie die Hexe erlebt jeder andere Mensch auch die Gegenwart. Hexenwerk bedeutet nicht, eine Handlung zu vollziehen. Das käme einem Lippenbekenntnis oder einer schlichten Maske gleich. In der weißen Magie geht es um die Einstellung zu sich und zum Leben. Wir führen Rituale durch, aber nicht, weil wir es so gern kuschlig und gemütlich haben oder weil uns das Fernsehprogramm langweilt. Wir führen Rituale durch, weil wir eine Lebensordnung und eine Öffnung für universelle Energien für absolut notwendig halten. Es nützt nichts, Rituale durchzuführen und danach wieder im Chaos zu versinken. Wir essen Kräuter, ja. Aber wir essen nicht deshalb Kräuter, weil wir die Sitten aus dem Mittelalter nachleben wollen. Wir kennen die Inhaltsstoffe und wissen, dass Kräuter gesund sind. Wir sitzen auch nicht ständig an irgendwelchen Feuern herum und genießen die Gemeinschaft.

Dieses Bild ist eine unrealistische Verklärung der weißen Magie. Die Menschen früher konnten das nämlich auch nicht, denn oft war das Feuerholz so knapp, dass man nicht einmal seine eigenen vier Wände heizen konnte. Weiße Magie hat nichts mit Lagerfeuerromantik zu tun. Manchmal kommt es mir vor, als sähen manche die Magie als eine Art Cowboy-und-Indianer-Spiel für große Kinder. Für mich ist die weiße Magie eine Art „neue Aufklärung". Durch den magischen Alltag wird der Mensch wieder zu einem mündigen Wesen. Das setzt voraus, dass er seine Wahrnehmung schult und nutzt, damit sein Geist fit und wendig bleibt. In einer Welt, die sich ständig verändert (und das ist in jeder Welt zu jeder Zeit so), darf der Geist nicht träge sein.

Grundsätze für mein magisches Leben

Ich selbst habe die weiße Magie in meiner eigenen Sturm- und Drangzeit näher kennengelernt. Damals war ich eine wilde Flower-Power-Pubertierende und überzeugt, die Welt gehöre mir. Regeln, Gesetze? Nicht für mich, ich konnte schließlich das Rad neu erfinden. Ein Irrtum, wie sich zeigte, denn ich forschte und forschte und meine Räder waren maximal eckig und liefen oft einfach nicht rund. Ich hatte mein Rad ja auch gar nicht gefunden, wollte doch eigentlich in dieser Entwicklungsphase nur beweisen, dass die Räder der Erwachsenenwelt doof waren. So war es auch mit der weißen Magie. Das musste doch schneller gehen, es konnte doch nicht so schwer sein, sich selbst reich und schön zu hexen und dabei auch noch die Welt zu retten, alle Menschen satt zu machen und Kriege für alle Zeiten zu verhindern. Denn schließlich war ich jung und hatte nicht viel Zeit. Außerdem wusste ich ja sehr genau um meine Fähigkeiten der Hellsichtigkeit und Empathie. Doch ich stieß schnell an meine Grenzen und lernte trotz meiner jugendlichen Allmachtsträume, dass es eben immer und überall Regeln gibt.

Also gibt es auch Regeln, die eine Hexe beherzigen sollte. Und mein Hexenwerk wurde allmählich nicht nur sicherer, sondern auch ruhiger und erfolgreicher. Heute weise ich meine Hexenschüler und -schülerinnen beständig auf die Bedeutung dieser Regeln und Ordnungen hin, doch wie ich vor vielen Jahren, so stürmen und drängen sie in die Geldmagie, die Liebesmagie, die Erfolgsmagie, ohne dabei Konzentration und Sorgfalt walten zu lassen – und wundern sich dann über ihre Misserfolge. Man sollte einen Hexenführerschein einführen, damit sich die Anfängerinnen und Anfänger nicht konstant blutige Nasen holen. Doch wer weiß, vielleicht muss einfach jeder diese Erfahrungen selbst machen.

Damit du nicht gleich am Anfang Misserfolge erntest, stehen die Regeln der weißen Magie am Anfang dieses Buches. Ich schätze, du wirst sie höchstens überfliegen, um dann später ein wenig weiser und einsichtiger wieder zu diesem Kapitel zurückzukehren und dich genauer mit ihm zu befassen. Es ist ein großer Vorteil der weißen Magie, dass sie nicht mit dem Wunschzettel an den Weihnachtsmann zu vergleichen ist. Denn dadurch, dass sie ein großes Maß an Kunstfertigkeit erfordert, hat sie auch die starke Wirkung der Nachhaltigkeit.

Wer die Magie erlernt, wird mit jedem Schritt in jedem Aspekt seines Lebens Verbesserungen bemerken. Mit der Magie erlernt der Mensch Eigenverantwortung und diese bleibt ihm für den Rest seines Lebens erhalten. Die Magie ist quasi die Grundschule des Lebens. Ganz gleich, ob ein Mensch später einen Hauptschulabschluss oder das Abitur erwirbt, die Grundfähigkeiten des Lesens und Schreibens und die Grundrechenarten bleiben ihm erhalten und garantieren ihm ein selbstständiges Leben. Ob ein Mensch eine großartige Magierin oder ein glücklicher Hausmann wird, spielt am Ende keine Rolle, solange es seiner eigenen inneren Wahrhaftigkeit entspricht.

Die 13 Hexenregeln

Mit den 13 Hexenregeln habe ich mich sehr ausführlich in meinem Buch „Das Seelenwissen der weisen Frauen“ beschäftigt. Jede einzelne der Regeln hat eine sehr große Bedeutung im Leben der weißen Hexe. Alle 13 zusammen bilden ein sicheres und stabiles Gerüst für den Umgang mit sich selbst und anderen. Ähnlich wie auch die zehn Gebote bieten sie einen Überblick über nahezu alle Situationen, in die ein Individuum selbst und zusammen mit anderen geraten kann. Allerdings gibt es keinen Nachweis darüber, dass die 13 Hexenregeln schon vor der Neuzeit entstanden sind. Sie könnten auch ganz modern sein. Doch das spielt keine Rolle, denn die Regeln stimmen mit den inneren Grundsätzen der weißen Magie überein, und als Gesamtwerk garantieren sie sogar deren Bestand.

Die Hexenregeln

- Tu, was du willst, und schade keinem!
- Sei immer ehrlich zu dir selbst!
- Beherrsche die Regeln deiner Hexenkunst!
- Lerne dein Leben lang, sei immer neugierig auf Neues!
- Wende dein Wissen weise an!
- Finde dein inneres Gleichgewicht und lebe danach!
- Unterschätze nie die Kraft des Wortes!
- Lerne, dich zu konzentrieren!
- Lebe im Einklang mit der Natur!
- Meditiere!
- Achte auf deine Gesundheit!
- Akzeptiere deine Umwelt!
- Ehre die Kräfte der Natur!

Wenn wir die Hexenregeln beherzigen, ist der Alltag schon ganz von selbst magischer und vor allem leichter. Viele Schwierigkeiten im Alltag machen wir uns selbst, wenn wir uns nicht konzentrieren können oder das Meditieren vernachlässigen. Auch ein Leben im Widerspruch mit der Natur ist sehr viel anstrengender als ein Leben im Einklang mit ihr. Nachtarbeit ist anstrengender als Arbeit am Tage, ausgewogene natürliche Nahrung erspart uns viele gesundheitliche Probleme. Doch wem sage ich das, wir wissen es ja alle sehr genau, halten wir uns etwa deshalb daran?

Wenn du deinen Alltag magisch bewältigen willst, kommst du an den Hexenregeln nicht vorbei. Selbstverständlich kannst du diese Regeln nicht einfach schnell in deinen Alltag integrieren. Sei geduldig mit dir. Lies dir die Regeln morgens und abends laut vor, und nimm dir für jeden Tag eine Regel vor, an der du heute arbeiten willst. Nach und nach werden sie sich in deinem Alltag wie eine Selbstverständlichkeit leben lassen.

Gib dir ein wenig Mühe damit, die Hexenregeln in deinen täglichen Ablauf zu integrieren. Wie das aussehen kann? Die folgenden Beispiele können dir helfen, ein Verständnis für diese Regeln zu entwickeln. Dir fallen danach sicher noch viel mehr Beispiele und Anwendungsmöglichkeiten ein. Du erlebst dich jeden Tag und wirst wahrscheinlich oft bemerken, dass das eine oder andere Erleben mit einer der Hexenregeln einhergeht. Wenn du Freude an den ihnen hast und sie dir gründlicher erarbeiten möchtest, dann führe doch einfach Buch über deine Fortschritte. Das magische Seelenwissen wird sich dir am besten erschließen, wenn du den Bezug zwischen dir und den Hexenregeln regelmäßig suchst.

1. Tu was du willst und schade keinem!

Diese Regel gibt dir die größtmögliche Freiheit. Doch meist wird diese Freiheit nicht genutzt, denn welche moderne Hexe weiß schon, was sie will? Finde deine Bedürfnisse heraus und mach sie dir bewusst. Frage dich, ob du jemandem schaden könntest, wenn du sie umsetzt. Kannst du diese Frage verneinen, dann schlag doch einfach mal ein bisschen über die Stränge. Schadet es wirklich, wenn du einen langweiligen Kinofilm nicht zu Ende schaust, sondern das Kino vorzeitig verlässt? Fügst du jemandem Schaden zu, wenn du deine Freizeit damit verbringst, ein lang ersehntes Hobby endlich zu ergreifen? Lerne, zu unterscheiden, wann du jemandem Schaden zufügst und wann du etwas tust, was dem anderen einfach nur nicht in seinen Kram passt. Letzteres ist kein Grund, etwas sein zu lassen. Solange du niemanden schädigst, muss jeder lernen, deine Freiheit zu respektieren. Du tust damit sogar dem anderen etwas Gutes, denn schließlich kann deine Umgebung an deinem Vorbild reifen. Es wird deinen Kindern und deinem Partner in ihrer eigenen Entwicklung helfen, wenn sie sehen, dass ein Mensch trotz Bindungen und Verpflichtungen ein freies Leben führen kann. Freie Menschen machen Mut und spornen an. Und freie Menschen sind in der heutigen depressiven und zwanghaften Welt notwendig, damit aus uns keine Roboterpopulation wird.

2. Sei immer ehrlich zu dir selbst!

Ehrlichkeit ist ein wichtiges Thema für die Hexe. Wir Hexen bemühen uns, nicht zu werten, alles gehört gleichberechtig zum Leben, das Licht ebenso wie der Schatten. Nur eines sollten moderne weiße Hexen nie und nimmer dulden: Unehrlichkeit. Zur Ehrlichkeit dir selbst gegenüber findest du über die Meditation. Und wenn es dir hilft, dann halte dir vor Augen, dass kein Mensch den Stab über dich brechen darf, wenn du einen Fehler begangen hast. Du darfst jeden Fehler und jedes Scheitern also ruhig zugeben, auch vor dir selbst. Ein perfekter Mensch zeichnet sich dadurch aus, dass er im Ausgleich ist. Wer keine Fehler macht, hat keine Motivation mehr, etwas zu lernen. Dann kann er bleiben, wie er ist. Diesen Zustand nennt man Stillstand, und Stillstand bedeutet Tod. Ehrlichkeit ohne Wertung bedeutet, Fehler zu erkennen, anzunehmen und zu verbessern. Und auf der anderen Seite bedeutet Ehrlichkeit zu sich selbst, Stärken zu erkennen, anzunehmen und zu bewahren. Das sind sachliche Vorgänge, keine emotionalen Prozesse. Die Gefühle kommen erst hinzu, wenn ein Mensch (ab)wertet. Das ist ein schweres Erbe aus unseren Kindertagen. Viele haben gelernt, dass Fehler uns zu wertloseren Menschen machen. Das fehlerlose Kind war einfach beliebter, wurde belohnt, an ihm erfreute man sich. Wer Fehler machte, war eben nicht gut. Heute sind wir erwachsen. Stärken sind vorhanden, Schwächen sind vorhanden. Stärken bewahren, Schwächen verändern – das ist Entwicklung.

3. Beherrsche die Regeln deiner Hexenkunst!

Wir modernen Hexen schlampen nicht bei der Hexerei, denn wir wissen um unsere Macht. Ein Zauberspruch auf die Schnelle zurechtgeschustert, hat die gleiche Kraft wie ein wohlüberlegter. Nur könnte es sein, dass das Ergebnis nicht das ist, welches wir wirklich wollten. In der Magie können wir nicht sagen: „Das habe ich nicht so gemeint." Hier gilt die Kraft des Wortes, und die ist nicht umkehrbar. Außerdem bringen Unordnung und Schlamperei immer auch die Gedanken durcheinander. Unsere Gedanken sind unser wichtigstes Werkzeug. Wir werden ihnen immer eine stabile Ordnung bieten, damit sie sich stets frei entfalten können, um für unser Werk zu wirken.

4. Lerne dein Leben lang, sei immer neugierig auf Neues!

Eine Regel, die sehr leicht umzusetzen wäre, wenn uns da nicht die Gewohnheit uns einen Streich spielen würde. Oft werden wir geistig träge, wenn wir erst einmal gefunden haben, was wir suchten. Doch das Leben ist ein ständiges Wachsen. Wir sollten unser Tempo im Kopf nicht künstlich verlangsamen. Heute weiß die Wissenschaft, dass ein Mensch auch im hohen Alter noch alles lernen kann, was er will. Diese Regel lässt sich am besten einhalten, wenn wir uns in den Kalender eintragen, dass es wieder Zeit für etwas Neues ist. Vielleicht sollten diese Termine mit dem Hexenjahreskreis zusammenfallen. So kann die weiße Hexe zu Samhain und zu Beltane jeweils einen Termin festsetzen, an dem sie etwas lernen will, was ihr bis dahin unbekannt war. Dabei ist es ganz gleich, ob es sich um eine Fremdsprache oder um ein neues Strickmuster handelt. Wichtig ist nur, den Geist zu schulen und so das Leben immer besser wahrnehmen zu können. Wer den Drang, lernen zu wollen, nicht mehr in sich spürt, ist bereits gefährdet, vorzeitig zu altern. Er will nicht mehr zu neuen Ufern aufbrechen und beginnt, sich künstlich klein zu halten. Das spricht aber gegen das natürlich angelegte Wachstum allen Lebens. Also betrachte dich hin und wieder noch einmal als Kind, das den elterlichen Garten auf Strümpfen und im Schlafanzug verlässt, weil es neugierig auf die Welt hinter dem Zaun ist.

5. Wende dein Wissen weise an!

Viele Hexen haben Angst, nicht wirklich weise zu sein. Dann kleben sie an überliefertem Wissen und Dogmen und trauen sich nicht zu, ihrer eigenen inneren Weisheit zu folgen. Weise bedeutet, mit sich im Einklang zu sein und zu sich selbst zu stehen. Ein Kind ist weise, das spüren wir. Aber das Kind ist nur so lange weise, bis es beginnt, sich mit den Erwachsenen zu vergleichen und ihnen nacheifern zu

wollen. Weisheit bedeutet, den Augenblick wahrnehmen können und in diesem Augenblick seine innere Wahrheit zu leben.
Deine Weisheit ist der Kontakt zu dir und dem Schöpfungsgedanken, der in dir wohnt. Nur wenn du diesen Kontakt hast, kannst du weise sein, denn deine Verbindung zum Weltwissen ist hergestellt. Diese Regel weist dich darauf hin, dass du deine magischen Arbeiten an den universellen Gesetzen orientieren sollst. Diesen Gesetzen werden wir uns in einem anderen Kapitel noch einmal gründlicher widmen. Die folgende Geschichte zeigt, dass der Kontakt zur Weisheit leichter gelingt, als mancher glaubt.

Die Frau mit der Angst vor den Menschen

In einem fernen Land, auf einem grünen Hügel, lag ein Wald. Inmitten des Waldes, so sagte man, lebte eine Frau, die man für die Weisheit hielt. Niemand hatte sie je gesehen, niemand war ihr je begegnet, doch alle waren überzeugt, dass sie dort war. Die Menschen im Tal erzählten sich abenteuerliche und großartige Geschichten über die Weisheit. Sie alle wollten sich ihr nur zu gern nähern, doch fühlte sich jeder zu klein und zu gering, um sie aufzusuchen. Nun lebte im Tal aber auch ein Mann, der schier verzweifelt war. Er war mit einer schönen und klugen Frau verheiratet, die er über alles liebte. Doch diese Frau litt unter einer schweren Krankheit, der kein Arzt Herr werden konnte. Sie fürchtete sich vor den Menschen. Den ganzen Tag lang sprach sie mit den Tieren und sie liebte die Blumen und die Bäume über alles. Kaum einem Menschen näherte sie sich und meist war sie daher allein oder mit ihrem Mann zusammen. Den Mann bedrückte diese Krankheit sehr und so fasste er sich ein Herz und bestieg den Hügel. Wenn ihm jemand helfen konnte, dann war es wohl die Weisheit, dachte er sich. Alle im Tal warnten ihn. „Du bist zu klein, du bist viel zu gering, um dich der Weisheit zu nähern“, sagten sie, als sie von seinem Vorhaben erfuhren. Aber der Mann liebte seine Frau viel zu sehr, um diese Warnungen zu beachten. Also erklomm er den Hügel und wirklich: Er entdeckte eine kleine Hütte, vor der eine Frau auf einer Bank saß. Er konnte ihr Alter nicht erkennen. Sie war hell und schön und lächelte dem Mann freundlich zu. Mit der Hand bedeutete sie ihm, sich zu ihr zu setzen. Er setzte sich scheu neben die Frau und begann sofort, ihr sein Herz auszuschütten. Die Frau nickte nur und der Mann fragte verzweifelt: „Wie kann ich meiner Frau helfen? Was kann ich für sie tun?“ Dann antwortete die Frau: „Bring sie am Sonntag zu mir, ich werde mit ihr sprechen.“ Der Mann bedankte sich und machte sich frohen Herzens an den Abstieg. Im Tal wurde er schon sehnlichst erwartet und er lächelte seinen Freunden zu. „Sie hat versprochen, ihr zu helfen“, rief er ihnen fröhlich zu und machte sich mit der guten Nachricht auf zu seiner geliebten Frau.

Voller Vorfreude vergingen die Tage bis zum nächsten Sonntag. Die beiden gingen Hand in Hand den Hügel hinauf und wurden von der Frau, die man Weisheit nannte, bereits erwartet. Sie trug ein wundervolles Kleid in allen Regenbogenfarben und wirkte noch heller und schöner als beim ersten Besuch des Mannes. Die beiden Liebenden wurden ins Haus gebeten und dort war der Tisch für ein köstliches Essen gedeckt. Sie aßen und tranken und unterhielten sich mal über dies und mal über jenes. Der fürsorgliche Mann sah mit Erstaunen, wie seine Frau aufblühte und rosige Wangen bekam bei den Gesprächen über die Klänge der Bäume und die Farben des Vogelgesangs. Doch als es dunkel wurde und alle müde zu werden schienen, erwähnte der Mann noch einmal den Grund für den Besuch. „Du wolltest doch meiner Frau helfen, ihre Krankheit zu überwinden“, sagte er höflich. „Ach ja, daran hatte ich kaum noch gedacht, so sehr habe ich ihren Besuch genossen“, lachte die

Gastgeberin. Dann wandte sie sich der Frau zu und sagte eindringlich: „Ich kann die Töne der Bäume hören wie du. Ich kann den Wind fühlen und die Tiere sprechen mit mir wie mit dir. Bisher wusste ich nicht, dass Menschen so weise sein können. Nun weiß ich, dass Menschen keine Feinde der Schöpfung sind. Hab keine Angst vor den Menschen, sie sind Kinder derselben Schöpfung wie du und ich und unsere Freunde." Die Frau nickte. Der Mann war verwundert. „Warum konntest du mir diese Botschaft nicht bei meinem ersten Besuch mitgeben?" fragte er. „Weil ich es selbst nicht wusste, bis ich deine liebe Frau kennenlernen durfte", antwortete sie. „Ich sah die Schäden, die die Menschen an der Schöpfung begehen, und ich wusste, dass sie mich meiden. Deine Frau hat mir ein anderes Bild der Menschen gezeigt." Von diesem Tag an besuchten viele Menschen aus dem Tal die Frau auf dem Hügel und hin und wieder kam sie auch ins Tal, um mit den Menschen zu feiern. Sie war ein Teil von ihnen geworden, wurde geschätzt und geachtet und half dafür in mancher Not mit Rat und Tat.

6. Finde dein inneres Gleichgewicht und lebe danach!

Um diese Hexenregel beherzigen zu können, braucht es eine gewisse Autonomie. Ein Mensch, der stets fremdbestimmt, lieb und nett sein will, kann sein inneres Gleichgewicht nicht finden und wird daher oft erleben, dass er von außen gestört und aus der Bahn gebracht wird. Es ist also auch eine Hexenpflicht, einmal etwas abzulehnen und nicht jede Gefälligkeit sofort zu erweisen. Dein inneres Gleichgewicht stellt sich ein, wenn du im Einklang mit dem Kosmos stehst. Hast du es gefunden, strahlst du es auch aus und bist damit ein Segen für die turbulente, chaotische Welt um dich herum. Menschen, die ihr inneres Gleichgewicht gefunden haben, werden von anderen häufig als sehr angenehm empfunden und man tritt ihnen freundlich und respektvoll gegenüber. Am besten kannst du dein inneres Gleichgewicht finden, indem du dich ein wenig mit dem Thema Zeitplanung befasst. Damit meine ich nicht, dass du eine To-do-Liste führen sollst, sondern du solltest vielmehr Pausen, deine eigenen Zeitoasen und Entspannungsphasen in deinen Alltag einplanen. Dich um dich selbst zu kümmern, ist eine wichtige Voraussetzung für dein inneres Gleichgewicht, denn du lernst dabei, dich zu spüren und zu erkennen, wo die Grenzen liegen, die du einhalten solltest, um in deinem persönlichen Leben fest verankert zu bleiben.

7. Unterschätze nie die Kraft des Wortes!

Diese Hexenregel mag ich besonders gern, vielleicht geht es dir bald genauso. Worte verändern Welten und berühren die Seele eines Menschen. Und so sollten wir sie auch verwenden. Es ist wichtig, den Worten ihren ursprünglichen Sinn wiederzugeben. Mit Worten teilen Menschen sich mit. Sie stellen sich dar und geben oft ihr Innerstes preis. Das ist gut so, denn ohne diese Nähe können wir Menschen uns nicht begegnen. Heute denke ich, wir achten zwar darauf, mit Worten niemanden zu verletzen, aber ein anderer Aspekt der Wortgewalt und der ehrlichen Rede kommt dabei zu kurz. Wir achten nämlich nicht mehr so sehr darauf, zu sagen, was gesagt werden muss. Wir dürfen nicht außer Acht lassen, dass auch das ungesprochene Wort eine Wirkung hat. Wenn wir etwas verschweigen oder schönreden, geben wir der Wahrheit keine Chance. Dann nehmen wir hin, dass der Gesprächspartner etwas nicht sieht, was er vielleicht durch uns gezeigt bekommen sollte. Manchmal kommt es mir ein bisschen so vor wie unterlassene Hilfeleistung, wenn Menschen einfach den Mund halten. Verletze nicht durch Worte, doch zeige Zivilcourage, wenn es darum geht, dem Leben bei seiner Entwicklung zu helfen.

8. Lerne, dich zu konzentrieren!

Eine Regel, die uns sicher überall im Alltag begegnet und die wir schon seit der Grundschule kennen. Lerne, dich zu konzentrieren, bedeutet aktives Handeln. Hier solltest du dich einmal mit dem Thema Konzentration auseinandersetzen. Es geht dabei um eine weniger magische als vielmehr inzwischen gut untersuchte Fähigkeit, wie wir unser Gehirn nutzen. In der weißen Magie ist Konzentration wichtig, um das eigene Hexenwerk erfolgreich auszuführen und gleichzeitig auch dem eigenen Weg treu zu bleiben. Für uns weiße Hexen ist das Erlernen und Anwenden der Hexenschrift eine schöne Konzentrationsübung. Hier können wir uns gleichzeitig entspannen, weil die einzelnen Buchstaben langsam und korrekt gemalt werden müssen, und brauchen Konzentration, weil wir die Buchstaben auseinanderhalten müssen. Konzentration kann erlernt werden. Wenn du in eine Buchhandlung gehst, wirst du viele Bücher zu diesem Thema finden. Beachte diese Hexenregel unbedingt, denn dein Gehirn braucht dich und deine Fürsorge, um frisch und gesund zu bleiben. Konzentration ist unmittelbare Voraussetzung für ein erfolgreiches Hexenwerk.

9. Lebe im Einklang mit der Natur!

Mit der Natur im Einklang zu leben bedeutet, die Natur zu kennen und den Takt der Natur wahrzunehmen. Das geht nicht mit angelerntem Wissen aus Büchern. Die Natur muss gefühlt und gerochen, gehört, gesehen und geschmeckt werden. Erst dann können wir die Natur kennenlernen. Und wir dürfen nicht vergessen, dass auch wir selbst Natur sind, also sollten wir auch im Einklang mit unserer eigenen Natur leben: Viele Menschen verleugnen die natürlichen Prozesse der Alterung und es gibt Frauen, die ihren Eisprung nicht spüren wollen. Die Natur des Menschen ist inzwischen eine Erscheinung, gegen die die Chirurgie „helfen“ kann.

Aber die Natur ist ein in sich geschlossenes System mit Milliarden von Komponenten. Wenn wir unsere eigene Natur verändern, können wir die Folgen, die vielleicht Jahrzehnte später eintreten werden, gar nicht absehen. Niemand wusste, was sich aus der Monokultur entwickeln würde, niemand kann heute sagen, was genetisch veränderte Lebensmittel mit dem Leben auf der Erde anrichten werden. Als die Wälder in Nordafrika gerodet wurden, hatten die Römer noch keine Vorstellung von der daraus resultierenden Verwüstung. Wir leben mit den Folgen des Verhaltens unserer Vorfahren. Und wir haben die Chance, unsere Nachfahren nicht unter unserem Müll und unseren Fehlentscheidungen leiden zu lassen.

10. Meditiere!

Die meisten Menschen meditieren nicht oder zu selten, denn sie haben keine Zeit, sich im normalen Alltag zurückzuziehen und sich der Meditation hinzugeben. Meditation ist für viele noch eine Aufgabe, die zusätzlich erledigt werden muss. Aber gerade das Meditieren ist für moderne Hexen kinderleicht in das tägliche Leben einzubauen. Hier kann die Hexe nämlich auf die aktive Meditation zurückgreifen. Sicher, es mag lustig klingen, aber die aktive Meditation ist hier die richtige Wahl. Meine Lieblingsmeditation ist das Kochen, dicht gefolgt vom Bügeln. Ganz aktiv kann ich meine Arbeit erledigen und dabei gleichzeitig meinen Geist reinigen und zur Ruhe bringen. Nur, liebe Hexe, musst du dann den Fernseher und das Radio ausschalten. Beim Kochen ganz bewusst bei der Sache zu sein, bewusst die Nahrungsmittel zu schälen, zu zerkleinern, die Speisen zu rühren, das ist aktive Meditation. Gedanken, die dabei in den Kopf kommen, lässt du einfach wie Wolken vorüberziehen. Ärgere dich nicht über diese Gedanken und hänge ihnen auch nicht nach. So kommt die Meditation ganz sicher nicht zu kurz. Ich kenne moderne Hexen, die das Gleiche bei der Flickwäsche machen, denn Nadelwerk ist eine wunderbare Gelegenheit zur aktiven Meditation. Doch auch andere Aufgaben eigenen sich dafür, zum Beispiel das Fensterputzen oder das Wischen der Fußböden. Wenn mir eine Hexe sagt, sie hätte keine Zeit zum Meditieren, dann frage ich sie immer, wer denn ihre Hausarbeit erledigt. Die aktive Meditation bringt uns gleichzeitig in die Aufmerksamkeit, in die Wertschätzung und in die Hingabe hinein. Das bedeutet, dass die Meditation das Herz weitet und unsere Liebesfähigkeit steigert. Bewusstsein ist das Ziel der weißen Magie. Und Bewusstsein kann ich den ganzen Tag lang trainieren, denn es gibt immer etwas wahrzunehmen.

Hexentipp

Im Alltag merke ich manchmal, dass ich eine der Hexenregeln nicht befolgt oder gar gegen sie gehandelt habe. Das ist ein unbefriedigendes Gefühl. Wie gehe ich damit um, wenn ich keine Schuldgefühle entwickeln will? Schließlich möchte ich mich keinem starren Korsett unterordnen und nehme mir das Recht heraus, Fehler zu haben und Fehler zu machen. Wenn ich einen solchen Lapsus in meinem Verhalten entdecke, dann klettere ich in Gedanken auf den Schoß der Göttin. Mein Bild von ihr ist eine schöne, anmutige Frau, die einen dunkelblauen Hermelinumhang trägt und auf einem bequemen Lehnstuhl sitzt. Ich setze mich also auf ihren Schoß und halte Zwiesprache mit ihr, während sie mich in ihren warmen Umhang einhüllt und festhält. Ihre linke Hand liegt dabei auf meinem Hinterkopf. Meist tröstet sie mich und gibt mir das Gefühl, dass mein Fehler verzeihbar ist. Außerdem weist sie mich darauf hin, dass ich die weiße Magie ja schließlich für mich betreibe und nicht für andere. Es ist meine freie Entscheidung. So kann ich ohne den Druck des schlechten Gewissens, unter dem ich sicher noch mehr Fehlern machen würde, weitermachen. Die Göttin sagt in Gedanken zu mir: „Leben bedeutet, Fehler machen – perfekte Hexen sind nicht lebendig. Was du nicht kannst, das musst du üben.“

11. Achte auf deine Gesundheit!

Achte nicht nur darauf, nicht krank zu werden, sondern achte auf deine Gesundheit. Das ist nämlich ein himmelweiter Unterschied. Die Gesundheit ist ein wunderbares Geschenk, auch dann, wenn sie nicht perfekt ist. Gesundheit im Kopf, im Körper und in der Seele ist nicht selbstverständlich. Wir leben in einer Welt voller Krankheit: Ernährung, Umwelt, andere Menschen und unsere Lebensumstände attackieren die Gesundheit des Menschen und aller anderen Lebewesen. Denke nicht erst an deine Gesundheit, wenn du krank bist. Lass keinen Tag vergehen, an dem du dich nicht ernsthaft dankbar zeigst, dass du gesund bist. Wir Menschen sollten wieder einen Bezug zu uns selbst bekommen. Wir sollten wieder lernen, unserem Herzen dankbar zu sein, dass es regelmäßig schlägt, und unserer Seele danken, dass sie uns warnt, wenn wir in die Irre laufen. Auch unser Knochengerüst, unsere Blutversorgung und unsere Lunge, jedes innere Organ, verdient unsere Dankbarkeit. Ich bin dankbar dafür, dass mein Kopf sich auf diese Zeilen konzentrieren kann, während ich sie tippe, und ich freue mich über meine Finger, die flink und beweglich ohne jede Einschränkung über die Tasten fliegen können. Ich bin mir aber bewusst, dass ich meinen Venen und meinen Füßen gerade nichts Gutes tue, denn auf einem Stuhl sitzend werden die Beine vernachlässigt. Meine Dankbarkeit dafür, zwei gesunde Beine mit gesunden Füßen zu haben, wird mich dazu bringen, diesem Teil des Körpers gleich meine Aufmerksamkeit zu schenken und einen Spaziergang mit den Hunden zu unternehmen. Schließlich nützt das Lippenbekenntnis der Dankbarkeit für die Gesundheit gar nichts, denn Dankbarkeit ist nicht nur ein Gedanke, Dankbarkeit ist eine Handlung. In den Kapiteln über die Hexenfeste wirst du der Dankbarkeit noch einmal begegnen.

12. Akzeptiere deine Umwelt!

Ach, wir armen weißen Hexen! Da sind wir so voller Liebe und es gibt so viel Gutes, was wir tun könnten. Doch nun sollen wir unsere Umwelt akzeptieren. Das bedeutet, wir sollen akzeptieren, dass jemand krank und arm und sorgenvoll ist. Wir könnten ihm helfen, doch ohne darum gebeten zu werden, tun wir es nicht. Wir akzeptieren den Lebensweg eines Wesens kompromisslos und lassen die Finger von gut gemeinten Korrekturen. Wir gestehen uns und jedem Menschen die Freiheit zu, seine eigenen Entscheidungen zu treffen. Wir wissen, dass wir den Lebensplan eines anderen nicht verstehen müssen, wir müssen ihn nur akzeptieren. Selbstverständlich dürfen wir uns dem Einfluss eines Menschen entziehen, dessen Lebensplan nicht zu unserem passt. Doch wir dürfen ihn nicht verändern. Jeder hat die freie Wahl.

13. Ehre die Kräfte der Natur!

Die Naturkräfte ehren, das bedeutet Achtsamkeit walten zu lassen, Wertschätzung zu üben und sich den Naturkräften hinzugeben. Die beste Möglichkeit, damit anzufangen, ist, nicht mehr über das Wetter zu klagen. Lerne, den Sturm und den Regen nicht nur hinzunehmen, sondern auch zu erleben. Geh vor allem bei Regen spazieren, er will gefühlt werden. Genieße die Bilder, die die Tropfen in den Pfützen zeichnen. Ehren ist ein aktiver Einsatz. Wir können die Kräfte der Natur nicht ehren, wenn wir uns vor ihnen verstecken. Das folgende Märchen erinnert an diese Hexenregel:

Der grüne Mann

In einem kleinen Dorf lebten die Menschen friedlich und glücklich miteinander. Die Menschen erfreuten sich einer hervorragenden Gesundheit, denn sie hatten unter sich einen Weisen und Heilkundigen, der sich nahezu allumfassend auskannte mit Kräutern und Naturmittelchen, mit Magie und allem, was man brauchte, um ein gesundes Leben zu führen. Sein Haus war vollgestopft mit Schriften über Natur und Medizin, auch einige Texte aus der Philosophie und der Mathematik waren darunter. Alle bewunderten ihn für die Fähigkeiten, die er besaß. Die Dorfleute sahen ihn nur selten, denn bis spät in die Nacht war er über Papier und Feder gebeugt und verfasste Abhandlungen über sein Wissen. Das legte er dann vor seine Tür und der Dorfvorsteher sammelte all dieses wertvolle Wissen im Versammlungshaus, damit jeder Zugang dazu hätte. Der Weise war ein wahrer Segen für jeden Dorfbewohner. Nach seinen Aufzeichnungen pflückten sie Kräuter, bereiteten Tinkturen und halfen sich so bei vielen körperlichen Leiden. Eines Tages aber ging eine Schreckensmeldung durch das ganze Dorf. Der weise Mann war krank, hieß es. Alle im Dorf wurden von großer Angst erfasst und sie schickten Boten aus, die fremde Heiler holen sollten, damit ihrem Weisen geholfen werden konnten. Sie kamen aus allen fernen Regionen des Landes, doch niemand konnte helfen. Die Dorfbewohner ließen nun die Heilkundigen aus fremden Ländern holen. Sie reisten an mit Kamelen und Droschken, einer kam sogar auf einem Elefanten geritten, der den ganzen Dorfbrunnen in einem Zug leer trank. Allerlei fremdartige Klänge und Gerüche, fremde Speisen und Gewohnheiten waren im Dorf und es war eine sehr turbulente Zeit. Doch keiner konnte dem Kranken helfen. Nach einer ganzen Weile hatte niemand mehr einen Rat. Die Fremden waren abgezogen, sie hatten keine Heilungschance gesehen. Der Weise sprach auf kein Medikament und keine Therapie an. Als alle Hoffnung verloren war, erschien eines Tages am Rand des Dorfes eine kleine alte Frau. Sie stellte sich als Heilkundige vor und fragte, ob man sie zu dem kranken Weisen führen könne. Zuerst spotteten die Leute. Wenn schon Heiler mit Weltruf nicht helfen konnten, was wollte sie dann ausrichten? Doch schließlich sagte der Dorfvorsteher, dass es ja nicht schlimmer werden könne, und brachte die Frau zur Hütte des Heilers. Nach einer Weile hörte man ein grässliches Weinen und Klagen. Der Weise weinte und schluchzte, als hätte er den Teufel leibhaftig gesehen. Alle hielten Abstand von der Hütte und warteten gebannt auf das, was als Nächstes geschehen würde. Das Schluchzen wurde leiser und als es fast Abend war, trat die Frau aus der Hütte. Hinter ihr kam der Kranke heraus, ein Lächeln auf dem Gesicht und er ging schnurstracks in den Wald hinein. „Was hast du getan?", fragte der Dorfvorsteher streng. „Ich habe ihn zum grünen Mann geführt", sagte die Alte. „Der grüne Mann trägt die Kraft der Natur, er ist das Licht und die Sonne. Er war beleidigt, weil euer Weiser ihn verachtete.

Zwar wusste der Weise viel, doch hat er die Natur und den grünen Mann verschmäht. Das mag dieser nicht. Euer Heiler litt an Lebensferne." Die Leute runzelten verständnislos die Stirn. „Wenn ein Mensch die Bücher mehr liebt als die Natur, wird er in der Natur keine Hilfe finden. Sie will geachtet werden, geliebt und bewundert. Euer Weiser hat sie beleidigt, indem er sie auf Papier gebannt hat, ohne sie zu lieben. Die Liebe zur Natur aber muss jedem Medikament zugrunde liegen." Damit verschwand die Alte. Der Heilkundige aber arbeitete von diesem Tag an draußen, unternahm lange Wanderungen, von denen er Kräuter und Pflanzen mitbrachte, sein Garten war eine kleine Apotheke geworden und er wurde nicht mehr krank. Über den Eingang zu seiner Hütte hängte er das Bild eines Mannes, aus Eichenrinde geschnitzt und mit Eichenlaub geschmückt, damit niemand mehr den grünen Mann missachten sollte.

Die kosmischen Gesetze

Die Weisen des Altertums befassten sich ausführlich mit der Ordnung der Welt. Sie entdeckten die sogenannten kosmischen Gesetze, auch bekannt als universelle Gesetze. In der Spiritualität geht man grundsätzlich davon aus, dass diese Gesetzmäßigkeiten in allen Lebewesen und allen Systemen wirken. Wenn sie gestört oder missachtet werden, sind Unwohlsein und Schwierigkeiten die Folge. Gleichzeitig lassen sich aber die kosmischen Gesetze auch nutzen, um Sorgen und Nöten zu begegnen. Sie sind die Grundlage für ein weises, magisches Werk. Für mich sind diese Gesetze inzwischen das erste Mittel der Wahl, wenn ich der Ursache für einen misslichen Zustand auf den Grund gehen will. Die kosmischen Gesetze werden auch dir nicht neu sein. Einige erinnern uns an den Physikunterricht in der Schule, denn sie sind durch Beobachtungen entstanden. Heute könnte man Experimente durchführen, um die eine oder andere Gesetzmäßigkeit im Physiklabor nachzuweisen.

Das Gesetz der Entsprechung

Dieses Gesetz ist das wichtigste kosmische Gesetz. Es zeigt uns, dass alles, was in unserem Innern wirkt, Spuren im Außen hinterlässt. Dieses Gesetz besagt, dass unsere eigene kleine Welt sich in unserer größeren Umgebung ausdrückt. Schon der Weise Hermes Trismegistos sagte: „Wie im Kleinen, so im Großen".

Was heißt das jetzt für die moderne Hexe im Alltag? Wenn in unserer Seele Chaos herrscht, wird auch Chaos in unserem Leben sein. Dann funktionieren unsere Beziehungen nicht, wir haben Ärger mit der Bank, der Job stimmt nicht und wahrscheinlich bekommen wir auch keine Ordnung in der Küche hin. Das Gesetz der Entsprechung geht sogar noch weiter. Wir dürfen davon ausgehen, dass ein Staat immer nur so demokratisch und gerecht ist, wie es die einzelnen Bürger sind. Das Bildungswesen ist nur so stark wie der Bildungswille in der Bevölkerung und so weiter. Die weiße Hexe kann in sich und für sich selbst wirken und wird diese Wirkung auf ihre Umgebung ausstrahlen.

Weil wir das Gesetz der Entsprechung kennen, wirken wir in unserem kleinen Kosmos und das hat dann Folgen auf den großen Rahmen, in dem wir uns bewegen. Bevor wir uns daran machen, das große Chaos anzugehen, sollten wir uns aber zuerst in die eigene Mitte begeben und dort für Ruhe sorgen. Es ist schwer, nur im Umfeld etwas zu regeln. Viel leichter ist es, sich selbst zu harmonisieren – und schon läuft es außen auch besser. Eltern von kleinen Kindern wissen das: Wenn die Mutter und der Vater aufgeregt durch die Gegend laufen, wird das Kind nie ruhig werden. Werden aber die Eltern innerlich ruhig, verstummt das Schreien des Babys und es lächelt die Eltern an, als sei nichts gewesen. Wenn du immer wieder an bestimmte Probleme in deiner Umgebung stößt, dann frage dich, was in deinem Innern los ist. Wenn du dich belügst, wirst du belogen werden. Wenn du dich missachtest, wirst du missachtet werden. Das ist eine erschütternde Wahrheit, aber das darf man von kosmischen Gesetzen ja auch erwarten, schließlich geht es nicht um Kochrezepte, sondern um Lebensrezepte, oder?

Das Gesetz der Entwicklung

Dieses Gesetz verneinen viele moderne Menschen oder lehnen es zumindest ab. Sie wünschen sich, dass alles so bleibt, wie es war. Oder noch schlimmer: „Ich bin halt so, wie ich bin." Kaum ist dieser Satz ausgesprochen, bin ich schon wieder anders, denn auf mich wirkt – wie auf alle anderen Lebewesen auch – das Gesetz der Entwicklung! Durch die Millionen von Eindrücken, denen ich täglich, ja stündlich ausgesetzt bin, werde ich ständig verändert – wie Wasser, das durch ein Flussbett fließt. Bleibt der Fluss stehen, modert er. Stillstand bedeutet nicht nur Rückfall, sondern auch Tod. Für die Entwicklung des Menschen gilt der folgende Ablauf:
Handeln > Erfahrung > Schmerz > Erkenntnis > Bewusstsein > Liebe. Diesen Ablauf habe ich in meinem Buch „Das Heilwissen der weisen Frauen" schon ausführlich dargestellt.
Ein Keimling muss die Erde gewaltsam durchbrechen, um ans Licht zu kommen. Entwicklung und Wachstum sind aktive Prozesse, die nicht von allein erfolgreich sind, nur weil wir uns allzu gern gegen Erkenntnis und auch gegen Schmerz und Anstrengung wehren. Der besagte Keimling erlebt eine Kraftanstrengung und vielleicht schmerzt es ihn sogar, die Erdkrume zu durchbrechen. Doch er wertet nicht. Er lehnt die Anstrengung nicht ab, daher kann er sich ihr hingeben und erfolgreich wachsen. Hier wird das Bewusstsein des Menschen angesprochen: Wer wachsen will, muss auch lernen wollen. Ein alter englischer Spruch lautet: *„To live is to learn, to learn is to know, to know is to grow, to grow is to give, to give is to live."* Auf Deutsch heißt es: *"Leben ist lernen, lernen ist wachsen, wachsen ist geben und geben ist leben."*

So schließt sich der Kreis und wir erkennen, dass es ohne Entwicklung kein wirkliches Leben geben kann. Dieses Gesetz müssen wir lieben, um es zulassen zu können. Geh mit offenen Augen durch die Welt und du wirst deine nächste Wachstumsaufgabe und deine nächste Lektion erkennen! Wenn du sie annimmst, wird dein Leben bereichert werden.

Das Gesetz der Energie

Aus dem Gesetz der Energie ergibt sich die Folgerung, dass immer alles mit allem verbunden ist. Alles in unserer Welt besteht aus kleinen Teilchen, die sich fortwährend bewegen. So kommt es zu einer Verbundenheit, denn jedes der kleinen Teilchen berührt in seiner Bewegung auch andere Teilchen. Gegenstände wie Möbel, Bücher, Autos haben eine hohe Energiedichte, deshalb sind sie sichtbar. Anderes, wie beispielsweise Gedanken oder Gefühle, hat eine geringere Auflösung und daher nicht unbedingt mit dem menschlichen Auge sichtbar. Aus dem Gesetz der Energie ergeben sich der Schmetterlingseffekt und die Wirkung der Gedanken. Wenn hier ein Schmetterling mit den Flügeln schlägt, erreicht seine Teilchenbewegung jeden Punkt der Erde und kehrt sogar zu ihm zurück. Ich kann nichts tun oder denken, was nicht irgendwo anders eine Bewegung erzeugt. Manchmal ganz schwach und manchmal auch stärker. So kann ich davon ausgehen, dass niemals etwas verloren geht. Vielleicht wird die Energieform umgewandelt, von Holz zu Rauch oder von Obst zu Zellinhalten in meinem Körper, doch die Energie bleibt insgesamt bestehen und hat immerwährende Folgen. Das einfachste Beispiel ist die Ernährung. Keine Scheibe Brot verschwindet. Sie wird in viele verschiedene Substanzen zerlegt, während sie verdaut wird. Am Ende wird Kot produziert, der wiederum als Dünger eingesetzt werden kann. Durch den Dünger produziert beispielsweise ein Salatkopf neue Zellen und wächst. Dessen Nährstoffe werden dazu genutzt, die Zellen im nächsten Organismus zu füttern. Unsere Aufgabe in der weißen Magie ist es, Energien bestmöglich zu nutzen und klug umzuwandeln.

Das Gesetz der Polarität

Leider denkt der Mensch immer in gegensätzlichen Polen. Der Mensch kennt keinen Tag ohne Nacht, keine Frau ohne Mann, kein schwarz ohne weiß. Der Mensch braucht immer ein Gegenteil, um das Eigentliche zu erkennen. Erst wenn wir dieses Gesetz erkannt haben und anwenden können, gelingt es uns, auf Wertungen zu verzichten und uns dem Leben hinzugeben. Wir müssen lernen, das Gegenteil eines Aspektes oder eines Gefühl zu akzeptieren, denn wir brauchen grundsätzlich dieses Gegenteil für unsere Erkenntnis. Ein Beispiel ist die Freude. Freude wollen alle haben, jeder genießt sie und möchte sie nie mehr hergeben. Wenn wir aber nicht wüssten, was Trauer ist, würden wir die Freude nicht wahrnehmen. Also lernen wir, der Trauer als einer Notwendigkeit, einer Voraussetzung für Freude zu begegnen, und erst dann sind wir in der Lage, die Trauer zuzulassen und nicht abzuwerten. Dieses Gesetz hilft uns, gelassen zu bleiben und schützt uns vor Täuschungen: Wenn du vor jemandem stehst, der dir absolut fehlerlos und perfekt vorkommt, dann weißt du, dass er auch eine andere Seite hat, die du nur gerade nicht sehen kannst. Das ist bei Wohnungen so, bei Arbeitsstellen und bei Menschen. Andererseits hilft dir das Wissen um die Polarität dabei, im Menschen immer das Gute zu sehen. Wie schlimm auch das Gesicht sein mag, das dir dein Gegenüber gerade präsentiert – auf der anderen Seite liegt die Sonne. Es heißt, weiße Hexen sehen in den Menschen, die sie lieben, immer nur das Beste. Das liegt daran, dass Sie das Gesetz der Polarität verstanden haben.

Das Gesetz der Schwingung

Das Gesetz der Schwingung ergänzt das Gesetz der Polarität: Alles schwingt immer zwischen zwei gegensätzlichen Polen. Ausgeglichenheit bedeutet, diese Schwingungen zu erleben und sich ihnen hinzugeben. Wir können nicht vermeiden, uns zu bewegen.

Dementsprechend bewegen wir uns auf der Skala von traurig bis fröhlich, reich und arm, müde und munter. Und das immerwährend. Wichtig ist nur, nicht an einem der beiden Pole hängen zu bleiben, sondern stetig zwischen ihnen zu wechseln, ohne bis an die extreme Grenze zu gehen. Wenn ein Mensch sich gegen diese Schwingungen sperrt, wird er unbeweglich und starr. Er kann dann nicht mehr den Augenblick wahrnehmen, denn er verliert den Blick für den Bereich, in dem er sich gerade aufhält, sieht schließlich nur noch sich selbst und vereinsamt.

Das Gesetz des Ausgleichs

In der Natur gibt es keine Lücken, das lernt jeder Schüler schon in der sechsten Klasse. Flüssigkeit, die beispielsweise aus Zellen entweicht, fließt automatisch wieder nach. Deshalb kann Energie nicht wirklich gespeichert werden, alles ist ständig im Fluss. Wenn man sich aus Angst gegen dieses Gesetz sperrt, dann führt das zu Blockaden und Missständen. Wir sind durch das Gesetz des Ausgleichs angehalten, unsere überschüssigen Energien dorthin fließen zu lassen, wo sie nötig sind. Gleichzeitig haben wir die Garantie, dass uns stets zufließt, was wir brauchen. Diese Annahme findet sich übrigens auch im Christentum und im Islam wieder, wo das Anhäufen materieller Schätze abgelehnt wird. Die weiße Hexe empfindet sich als Kelch, wenn sie auf ihrem Hexenweg eine gewisse Reife entwickelt hat. Sie hat keine Angst, zu geben, denn sie kann auch annehmen, was ihr zuströmt.

Das Gesetz der Anziehung

Das Gesetz, das am leichtesten zu begreifen ist, ist das Gesetz der Anziehung. Es wirkt gemeinsam mit dem Gesetz der Entsprechung. Gleiches zieht Gleiches an. Diese Aussage stimmt. Wer behauptet, dass Gegensätze sich anzögen, der spricht vom Ausgleich des

Mangels, dem Gesetz des Ausgleichs. Doch das Gesetz der Anziehung besagt, wer in sich Liebe trägt, wird Liebe anziehen. Wer in sich Angst trägt, wird Misstrauen anziehen. Dieses Prinzip ist uns von der Lehre des positiven Denkens her bekannt. Allerdings geht es nicht nur um die Ratio. Es reicht nicht, etwas theoretisch zu denken, denn das Gesetz der Anziehung wirkt nur in der Seele. Deshalb ist es wichtig, ehrlich zu sich selbst zu sein und auch die dunklen Stellen der Seele zu erkennen, denn nur so können diese dunklen Stellen nicht hinter unserem Rücken gegen uns wirken.

Das Gesetz der Bewegung

Was lebt, bewegt sich. Manche Bewegung ist für das menschliche Auge nicht sichtbar, weil sie zu langsam ist oder sich zuerst nur im Innern des Lebewesens abspielt. Wer Bewegung blockiert, erzeugt einen Rückstau. Das ist gefährlich und macht krank, denn der Stau wird sich an unerwarteter Stelle entladen. Wir kennen Ausbrüche unterdrückter Wut ebenso wie die Schädigung gestauter Venen. Bewegung tut Not, und zwar körperlich, geistig und seelisch, denn sie kann entweder kontrolliert vonstatten gehen oder es sind unkontrollierte Ausbrüche zu erwarten – die sicher jeder vermeiden will. Bewegung ist eine liebenswerte Fähigkeit: Wir lieben Pflanzen, die wachsen, Kinder, die toben, und uns, wenn wir uns bewegen – hoffentlich!

Die kosmischen Gesetze helfen dir, dein Leben in Weisheit zu leben. Sie zu missachten ist nicht ratsam, denn sie sind ein Teil der Basis für dein Hexenwerk. Mach dich mit den kosmischen Gesetzen vertraut, damit es dir nicht ergeht wie Marie im folgenden Gedicht.

An Marie: Esohysterie

Au Backe, min Marie, so einfach war es nie
wir machen Esohysterie!
Mit Räucherstäbchen hin und her –
schon hast du keine Schulden mehr.
Jetzt nehmen wir dazu die Puppe –
wen sie darstellt ist uns schnuppe.
15 Nadeln müssen rein,
dann wird der Kerl dein eigen sein.
Jetzt noch schnell hex-hex
super, das gibt guten Sex.
Und min Marie, du freust dich so,
du bist der Mops im Haberstroh.
Jetzt zahlst du gerne ganz viel Geld,
denn Scharlatanis ist dein Held.
Er nährt in dir die Illusion:
Ruh du dich aus, ich mach das schon.
Dein großer Traum vom Paradies,
du musst nix tun, wie wahr wird dies.
So kannst du ohne eig´ne Mühe
vom Weltfrieden träumen, von spät bis frühe.
Doch das Marie, war vor der Schlange,
wenn ich dich seh´ wird´s Angst und Bange.
Die Weisheit ging an dir vorbei
Und dein Bewusstsein, einerlei
– das brauchst du nicht in dieser Welt.
Hauptsache ist doch, du hast Geld.

Die Natur

Die Natur ist die wichtigste Lehrmeisterin der weißen Hexen. Sie umfasst alle Gesetze, die für uns von Bedeutung sind, und in der Natur finden wir Lösungen für alle Probleme und Aufgaben. Oft allerdings wollen wir die Lösung nicht sehen, denn was die Natur bietet, ist mitunter radikal und unkonventionell. Wie geht eine weiße Hexe beispielsweise mit ihrer Angst vor Minderwertigkeit um? Sie schaut sich vielleicht ein Feld voller Sonnenblumen an und muss entdecken, dass sich alle Pflanzen stolz aufrichten und zur Sonne strecken. Auch diejenigen, die weniger gerade gewachsen sind oder weniger große Blüten haben, verkriechen sich nicht etwa vor den Blicken der Betrachter. Jede Sonnenblume ist so schön, wie sie sein kann, und gibt ihr Bestes, um zu wachsen und ans Licht zu kommen. Wenn eine weiße Hexe sich hieran ein Beispiel nimmt, wird sie nicht in Versuchung geraten, ihr Licht unter den Scheffel zu stellen, auch wenn sie sich für zu gering hält. Oder betrachten wir einen Wald: Hier stehen die unterschiedlichsten Lebewesen in einer Gemeinschaft, doch kein Baum versucht, das Efeu dazu zu bringen, sich ebenso zu einem Baum zu entwickeln. Kein Vogel ist traurig, weil er kein Käfer ist. Wir Menschen denken oft, jemand anders müsste so sein wie wir selbst. Das stimmt aber nicht. Jeder hat seinen Platz, und wenn wir das verändern, verändert sich auch das Gleichgewicht. Wir brauchen die Verschiedenartigkeit, denn ohne die wird die Welt eintönig und es findet kein Austausch der Energien mehr statt. Das hat die Landwirtschaft deutlich zu spüren bekommen, als begonnen wurde, auf Monokultur zu setzen. Was ist mit dem Paar, das sich immer und immer wieder über die gleichen Dinge streitet? Hat man in der Natur je gesehen, dass der gleiche Schritt mehrfach gegangen wird?

Nein, was erreicht wurde, ist vergessen, und es geht um neues Wachstum. So ist das Paar angehalten, eine Lösung zu finden und dann neue Ufer anzustreben. Das sollte normalerweise keine Trennung bedeuten, denn schließlich gibt es für alles eine Lösung, wenn der Mensch sich mittels seiner Herzenswärme und Liebe darum bemüht. Erst, wenn ein Mensch einsehen kann, dass er zwar anders ist als der andere Mensch, aber trotzdem gleich, nämlich menschlich, wird es Frieden geben – in der Seele und in den Beziehungen. Jeder Mensch zeigt ein anderes Gesicht der Menschlichkeit, jede Pflanze ein anderes Gesicht der Vegetation und letztlich geht es nur darum, endlich zu akzeptieren, dass alle Lebensinformationen, alle Möglichkeiten in allen gleichermaßen angelegt sind. Wir Menschen tragen eine Bibliothek in uns, doch nach außen präsentieren wir nur jeder das eigene Lieblingsbuch. Ein anderer Mensch trägt die gleiche Bibliothek in sich, doch er zeigt uns ein anderes Lieblingsbuch. Die Natur hat kein Ego, kein Alibi und auch keine Ausweichmanöver. In der Natur gilt: Wachstum und Entwicklung. Hier finden wir keinen Selbstbetrug und keine Tücke, kein Erschleichen von Vorteilen, keine Opferhaltung und kein Nachtragen. Die Natur ist schonungslos ehrlich und bedingungslos lebendig. Das können wir lernen, wenn wir bei der Natur in die Ausbildung gehen. Um von der Natur zu lernen, müssen wir unbedingt davon ablassen, unsere Gefühle und Empfindungen in die Natur hineinzuprojizieren. Eine Rose kann nicht werten und nicht abschätzen, was ihr gefällt, also ob sie lieber hier im Garten oder dort in der Vase stehen möchte – und darum geht es in der Lehre der Natur. Wir sollen erkennen, wo unsere Bestimmung liegt. Und die ist normalerweise dort zu finden, wo wir hingesetzt wurden. Es macht keinen großen Sinn, als Europäer zu denken, dass man in Asien leben müsste, weil dort der eigentliche Sinn des Lebens zu finden sei. Die Schöpfung irrt sich nicht, nur ist der Sinn der

Schöpfung nicht immer so hochtrabend egofokussiert wie unsere menschlichen Ideen es sind. Die Ackerwinde beantragt auch keinen Umzug, weil sie in einer langweiligen Umgebung steht. Der Sinn des Lebens ist das Leben selbst. Er liegt nicht in Achtung, Anerkennung oder ewigen Highlights zur Selbstbestätigung. Die Weisheit der Natur ist das Leben. Wir Menschen jedoch fragen nicht nach dem Leben, wir fragen: „Wie lebe ich?“, „Warum lebe ich?“, „Was denken die anderen über mein Leben?“. Diese Fragen kommen aus der menschlichen Ratio und haben in der Gesellschaft auch ihre Berechtigung, aber diese Fragen sind nicht natürlich.

Kürzlich hatte ich einen Disput mit einer Schülerin, die von einem spirituellen Lehrer zu mir wechseln wollte. Sie sagte, ihr bisher größter Gewinn aus ihrer spirituellen Arbeit sei gewesen, dass sie heute sagen könne: „Ich bin so, wie ich bin.“ Ich antwortete, dass sie gar nichts gelernt hätte, denn dieser Satz bedeutet Stillstand und ist vollkommener Blödsinn. Der richtige Satz lautet: „Ich bin“. Erst wenn ich das von mir sagen kann, habe ich die Natur verstanden.

Ich kann es fühlen, das Blut, das in meinen Adern fließt,
wie der Fluss, an dessen Ufer manch’ gutes Kräutlein sprießt.
Ich kann sie hören, die Kraft, die meinen Geist durchgeht,
wie der Wind, der in den Wipfeln weht.
Ich kann es fassen, das Fleisch, das meine Seele hält,
das die Göttin mir zum Geschenk bestellt.
So bin ich Erde, Fluss und Wind,
bin Feuer, Luft, ein Himmelskind.
Ich bin der Erde Tochter auch
und lebe nach dem Erdenbrauch,
mit Füßen tief im Wurzelreich.
Und doch, mein Geist ist wolkengleich
und fliegt frei durch das Himmelreich.

Weiße Magie

Magie, was ist das überhaupt? Die meisten denken an Frauen, rote Haare, schwarze Kleider, Feuer und Zauberstäbe. Doch Magie ist eine Lebenshaltung, sie hat mit Kleidung oder Dogmatismus gar nichts zu tun. Magie ist nicht politisch, religiös oder ideologisch. Magie ist die Haltung zu absoluter Eigenverantwortung. Diese Verantwortung bringt die weiße Hexe für sich selbst auf und gesteht sie auch jedem anderen Lebewesen zu. Das bedeutet, die weiße Hexe arbeitet in erster Linie an sich und für sich. Selten mischt sie sich in die Lebensläufe anderer Wesen ein. Eine Ausnahme bilden Lebewesen, die hilflos sind und nicht für sich selbst einstehen können, etwa Kinder in Gefahrensituationen oder Kranke, die kein klares Bewusstsein mehr haben.

Die weiße Magie sorgt in erster Linie dafür, dass das eigene System im Lot bleibt. Dadurch werden Angriffe von außen besser abgewehrt oder besser gesagt, gar nicht erst möglich. Außerdem strahlt die weiße Hexe ihre innere Harmonie in die Umgebung ab. Jede Mutter kennt das Phänomen: Zwei Kinder streiten wie die Kesselflicker. Die Mutter tritt ins Zimmer und steht ganz still, in sich ruhend da. Sie konzentriert sich auf ihre Liebe zu diesen Kindern und schon ist der Streit vorbei. Wenn die Mutter in dieser Situation versucht, die Kinder zu verändern, wird nicht viel geschehen. Vielleicht hören die Kinder auf zu streiten, weil die Mutter es befiehlt. Doch kaum hat sie das Kinderzimmer wieder verlassen, wird das Gezeter auch wieder von vorne losgehen. Da die weiße Hexe Verantwortung nicht auf andere schiebt, kann sie auch nicht in unheilvolle Verstrickungen geraten. Wenn ich jemandem die Verantwortung für meine Angelegenheiten übertrage, weise ich ihm auch die Schuld zu, wenn etwas schiefgeht. Und Schuld ist die stabilste Form von Abhängigkeit. Wenn eine weiße Hexe in Abhängigkeiten lebt, kann sie nicht frei agieren. Sie wird sich immer entscheiden müssen zwischen der Wahrhaftigkeit der weißen Magie und ihrer eigenen Abhängigkeit. Doch diese Entscheidung sollte eigentlich gar nicht zur Diskussion stehen, denn genauso, wie man nicht ein bisschen schwanger sein kann, kann man auch nicht ein bisschen magisch oder ein bisschen eigenverantwortlich oder ein bisschen wahrhaftig sein.

Lerne, dein Leben nach den Hexenregeln und den kosmischen Gesetzen zu führen, und es wird dir leicht fallen, immer zu wissen, was zu tun ist. Deine innere Stimme wird immer deutlicher und immer lauter werden, wenn du dich mit der Magie befasst. Magie ist der Wille, das eigene Bewusstsein so zu erweitern, dass ein eigenverantwortliches Leben in Einklang mit sich selbst und der Umgebung gelebt werden kann.

Die häufigste Frage, die mir von Laien gestellt wird, ist die nach dem Unterschied zwischen schwarzer und weißer Magie. Magie wird als gefährlich eingeschätzt. Rhetorik auch. Geld kann ebenfalls gefährlich sein und jedes Auto kann zur Waffe werden. Ich kann mein Brotmesser nutzen, um meinen beiden Jungs eine Scheibe Brot abzuschneiden, und manch einer nimmt ein Brotmesser, um zu töten. Für alles, was Menschen nutzen können, gilt: Es kommt auf die Motivation des Handelnden an. Ein demokratischer, werteorientierter Politiker nutzt die Macht der Rhetorik. Ist er aber machtbesessen und wertelos motiviert, nutzt er sie ebenfalls, aber dann nennt man ihn Diktator.

Selbstverständlich kann Magie zum Schaden anderer eingesetzt werden. Aber ein Brotmesser, die Magie oder der Glaube sind ebenso wenig schlecht wie ein Auto oder irgendetwas anderes. Wer die sogenannte schwarze Magie nutzt, also Magie zum Schaden und zur Manipulation anderer, ist keine Hexe im klassischen

Sinne. Wenn die Motivation für eine magische Handlung Angst ist oder Rachsucht oder Gier, dann wird die Handlung schwarz, nicht aber die Magie selbst. Wer schwarze Magie betreibt, ist nicht groß genug, um Hexe zu sein. Wer schwarze Magie betreibt, kommt mit sich selbst und seiner Umwelt nicht zurecht. Schwarzmagier haben kein offenes Herz und keinen freien Geist. Sie sind nicht spirituell im eigentlichen Sinne, sondern kleben an ihrer kleinen, engen Ratio. Sie ähneln eher Diktatoren als Hexen. Schwarze Magie ist der Gegensatz zu den Naturgesetzen und steht im Gegensatz zum Leben.

Ich wiederhole es noch einmal und vielleicht prägst du dir diese Definition ebenfalls fest ein: Magie ist der Wille, das eigene Bewusstsein zu erweitern, um ein eigenverantwortliches, selbstbestimmtes Leben zu führen, das mit sich selbst und der Umwelt harmoniert. Eine Hexe ist ein Mensch, der Kraft seiner Wahrnehmung und seines Bewusstseins zwischen der materiellen und der immateriellen Welt wechseln kann.

Der rote Faden im Leben einer Hexe

Menschen suchen nach einer stabilen Ordnung. Schon in der Vergangenheit gab es weise Menschen, die die Ordnung besonders betont haben. Ordnung stand bei vielen Weisen und Heilkundigen der Vorzeit an erster Stelle, wenn es um die Gesundheit des Menschen ging, denn sie schafft Sicherheit und Geborgenheit. Die Wirtschaft macht sich diesen Wunsch der Menschen zunutze, indem sie Rituale anbietet: Da gibt es Fußball und Frauenabende, spezielle wiederkehrende Werbemaßnahmen wie den Autofrühling oder auch die Schlussverkäufe. Diese Rituale führen häufig dazu, dass die Menschen in Abhängigkeit von der Wirtschaft, der Gastronomie oder anderer Institutionen geraten, und viele dieser Rituale sind dem Leben auch nicht unbedingt dienlich. Meist kosten sie eine Menge Geld und sind mit oberflächlichem Konsum verbunden. Die weiße Hexe nutzt eine andere Ordnung, um Struktur in ihr Leben zu bringen. Und weil Ordnung nicht unbedingt etwas mit Lustlosigkeit und Zwang zu tun haben soll, nutzt die moderne Hexe einfach immer, wenn es möglich ist, solche Ordnungen, die in der Natur bereits vorgegeben sind. Die weiße Hexe kann die Ordnung lieben, denn sie ist immer vorhanden, immer spürbar und sie tut allen Lebewesen gut.

Die Hexenwoche

Jeder Mensch – und somit auch die weiße Hexe – hat sich um bestimmte Themen zu kümmern, wenn das Leben einigermaßen harmonisch verlaufen soll. Da liegt es nahe, jedem Tag einen Aspekt zuzuordnen, damit im Laufe einer Woche nichts untergeht, was von Bedeutung ist. Um diese Aspekte besser erfassen zu können, greifen viele von uns weißen Hexen auf Gestalten der antiken Mythologie zurück, denn die Wochentage sind nach den alten Göttern benannt, die eben diese wichtigen Lebensaspekte darstellen.

Meine Hexenwoche beginnt grundsätzlich am Montag, dem Tag, welcher der Mondgöttin geweiht ist. Am Montag spielen bei mir die Erkenntnis und das Bewahren, also die Qualitäten der Weiblichkeit eine große Rolle. Montag ist ein guter Tag für die Meditation und das Klären bestimmter Fragen. Wenn ich mich in einer Phase befinde, in der für diese Dinge wenig Zeit bleibt, etwa weil meine Kinder krank sind oder vielleicht der Garten besonders gepflegt werden muss, habe ich mindestens einmal in der Woche, nämlich am Montag, trotzdem Zeit für diese Dinge. Damit garantiere ich, dass niemals mehr als eine Woche Zeit vergeht, ohne dass ich eine Innenschau auf der Suche nach Erkenntnissen halte. Das gibt mir die Sicherheit, nicht aus der Bahn zu geraten und mich in meinem eigenen Leben sicher zu fühlen.

Der Dienstag, im Englischen Tuesday und in der französischen Sprache Mardi, ist der Tag des römischen Kriegsgottes Mars. Hier geht es um das Klären von Konflikten, auch um das Durchsetzen eigener berechtigter Ansprüche. Auch innere Konflikte werden vorzugsweise am Dienstag gelöst. Die meisten Menschen mögen keine Konflikte und gehen ihnen lieber aus dem Weg. Doch haben diese die unangenehme Eigenschaft, dass sie wachsen, wenn man sie nicht löst. Wenn es nach mir ginge, würde ich mich selten beschweren oder meine Ansprüche geltend machen. Ich mag keinen Streit und ich mag mich auch nicht allzu gern durchsetzen, lieber habe ich meine Ruhe und trage meinen Ärger in mir, statt einen unschönen Konflikt zu riskieren. Das ist natürlich vollkommen falsch, jeder Mensch sollte lernen, für seine Angelegenheiten zu kämpfen und für sich selbst einzustehen. Jemand wie ich, der eine gewisse Abwehr dagegen hat, kann froh sein, dass es den Tag des Mars gibt. Wenn ich Konflikte und Streitereien verschieben will, kann ich das tun, aber höchstens bis zum nächsten Dienstag, denn dann muss ich Mars ehren, indem ich meinen Mut zusammennehme und Durchsetzungskraft zeige. Für mich selbst zu kämpfen bedeutet, mich selbst zu lieben und mich hinter mich zu stellen. Konflikten aus dem Weg zu gehen bedeutet, mich selbst aufzu-geben. Daher kann jede weiße Hexe froh sein, dass der Dienstag sie an diese Qualität erinnert.

Der Mittwoch teilt nicht etwa die Woche, sondern er ist dem Merkur zugeordnet. Die Franzosen nennen ihn Mercredi, hier kann man den Namen Merkur noch heraushören. Merkur ist in der römischen Mythologie der Gott der Händler und der Reisenden. In der griechischen Götterwelt nimmt Hermes diesen Platz ein. Reisende waren in der Antike nicht etwa Urlauber, sondern Händler oder Pilger. Das bedeutet, die Reisen wurden nicht zum Vergnügen unternommen, sondern um Gewinne zu erzielen, entweder auf spiritueller oder auf wirtschaftlicher Ebene. Merkur lädt dazu ein, sich um seine Geldangelegenheiten oder auch um die spirituelle Entwicklung zu bemühen – meistens geht ja ohnehin das eine mit dem anderen einher. Wenn du schon seit Monaten deine alten Sachen per Kleinanzeige verkaufen willst, dann lass dir Zeit, aber nur bis zum nächsten Mittwoch, denn Merkur will beachtet werden. Und wenn du dir in den vergangenen Monaten immer wieder vorgenommen hast, Bewerbungen zu schreiben, dann musst du jetzt gar nicht darüber nachdenken, sondern am kommenden Mittwoch erledigst du es einfach. In vielen Städten ist immer noch der Mittwoch der Tag des Wochenmarktes. Früher war der Mittwoch der einzige Tag, an dem die Markthändler ihre Waren verkaufen konnten – sie fuhren ja noch nicht unbedingt von Markt zu Markt. Sie stellten fünf Tage in der Woche das her, was sie an einem Tag verkaufen wollten. Heute verkaufen Händler täglich und die Herstellung übernimmt ein anderer.

Für manche gibt es einen besseren Tag für die Geldmagie, nämlich den Donnerstag, den Tag des Donnar oder Thor. Er verspricht Ruhm und Ehre, denn er ist dem größten und mächtigsten Gott zugeordnet. Der germanische Thor entspricht dem griechischen Zeus und dem römischen Jupiter. Ein kraftvoller Tag, wenn du Stärke und Macht beweisen und erleben willst. Der Donnerstag ist der Tag für Ruhm, Anerkennung und Ehre, also ein bedeutender Tag. Gerade Menschen, die nicht an ihre eigene Größe glauben, übergehen den Donnerstag gern. Gesteh dir zu, dass auch du eine Pflanze bist, die ihre wundervolle Blüte allen zeigen darf. Lass dich am Donnertag erstrahlen und bewundern, auch das gehört zum Leben. Meinen Hexenschülerinnen und Hexenschülern trage ich für den Donnerstag immer auf, unbescheiden zu sein. Die angelernte Bescheidenheit ist es, die dem Wirken des Thor in unserem Leben im Wege steht. Wenn du dir für jeden Donnertag einen Luxus vornimmst, kommst du den Aspekten des Thor schon etwas näher. Dabei kann dieser Luxus auch mit Zeit zu tun haben, es muss sich nicht unbedingt um Geld handeln.

Der Freitag, Tag der germanischen Göttin Freya, ist der Lieblingstag der meisten weißen Hexen. Liebe, Schönheit und Harmonie sind die Attribute dieser Gottheit. Venus und Aphrodite sind ihre Entsprechungen. Der Freitag gehört damit aber nicht unbedingt nur der Beziehung oder Partnerschaft, sondern auch der Liebe zu dir selbst, der Harmonie in deinem Nest und der Schönheit. Vor allem Liebe und Harmonie stehen oft hintenan, wenn der moderne Mensch gerade andere Sorgen hat. Arbeit, Kummer und Krisen halten uns häufig von der Liebe und der Harmonie ab. Das ist schade, und die belastende Situation wird dadurch nur noch schlimmer. Spätestens am Freitag, einem feinsinnigen und sinnlichen Tag, sollte sich die moderne Hexe der Freya zuwenden, denn ohne Liebe geht im Leben gar nichts. Eine halbe Stunde Blumen arrangieren, den Tisch hübsch dekorieren oder etwas anderes tun, was mit Harmonie zusammenhängt, beruhigt das aufgewühlte Herz wieder – und schon sieht die Welt besser aus. Auch hier zeigt sich wieder, welchen Sinn die Hexenwoche hat.

Der Samstag, Saturday im Englischen, steht unter dem Stern des Gottes Saturn. Ein schwieriger Tag mit einem schwierigen Patron. Saturn ist der Gott der Arbeit und der Mühe auf dem Feld, manchmal gilt er auch als Gott des Todes. Er ist ein Gott, der Beschränkungen mit sich bringt. Wie gehe ich damit um? Nun, ich selbst nutze den Tag gern, um zu entschlacken oder auch mal ein bisschen kürzer zu treten, wenn es um Genussmittel geht. Außerdem habe ich mir angewöhnt, soziale Verpflichtungen, bei denen ich mich zurücknehmen muss, am Samstag zu erledigen. Der Samstag schützt uns davor, über das Ziel hinauszuschießen. Er bringt uns auf den Boden der Tatsachen zurück und zeigt uns die Grenzen, in denen ein Mensch lebt.

Der letzte Tag meiner Woche ist der Sonntag, der Tag der Männlichkeit. Männliche Qualitäten sind das Setzen von Impulsen und das Treffen von Entscheidungen. Mein Sonntag ist also dementsprechend nie ein Tag zum Abhängen und Faulenzen, sondern immer ein sehr aktiver Tag, an dem ich verwirklichen kann, was mir der vergangene Montag an Erkenntnis offenbart hat.

Die Hexenwoche zeigt: Eine Hexe muss keine Woche verbringen, ohne Weiblichkeit und Männlichkeit, Konfliktlösung und Wachstum, Anerkennung, Schönheit und Beschränkung zu erleben. So kann die Hexenwoche mir und meinen weißen Hexenschwestern und -brüdern Gewähr bieten, dass unsere individuellen Leben mit den persönlichen Bedürfnissen, Wünschen und Notwendigkeiten nicht im Chaos versinken, und dass wir auch dann eine persönliche und befriedigende Lebensordnung haben, wenn Arbeitgeber, Konsumtempel und Unterhaltungsindustrie uns einmal nicht beschäftigen und wollen. Sicher, meine Umgebung reagiert schon mal sehr komisch, wenn ich nicht sofort erledige, was andere von mir wollen. Ich lege alle planbaren Aufgaben auf die passenden Wochentage. Das schadet nicht, denn die meisten Angelegenheiten können durchaus sechs Tage warten. Andere Menschen schieben bestimmte Dinge wochen- oder monatelang vor sich her. Denken wir allein an die Fußballbegeisterten, die während einer Weltmeisterschaft wochenlang nicht mit ihren Kindern oder ihrer Partnerin bzw. ihrem Partner sprechen. Das passiert den weißen Hexen nicht. Wenn mein Partner zu kurz kommt, dann höchstens bis zum nächsten Freitag, und wenn ich am Montag erkenne, dass mein Jüngster mich mehr als Gesprächspartnerin braucht, dann kann ich mich spätestens am folgenden Sonntag nicht mehr davor drücken, die richtigen Impulse dafür zu setzen. Manchmal bleiben dafür andere Dinge liegen. Dann verpasse ich einen Kinofilm oder ich schaffe es einfach nicht, Deutschlands neuen Superstar auch nur ein einziges Mal singen zu hören. Auch die neuen Partner der Promis kenne ich meist nicht, ich bin immer zu langsam. Doch das ist mir eigentlich gleichgültig. Und wenn ich dann bei einem oberflächlichen Geplauder auf dem Spielplatz mal wieder nicht „up to date“ bin, dann freue ich mich, „just in time“ zu sein. Die Hexe ist immer zur rechten Zeit am rechten Ort, die Hexenwoche garantiert den Wahrheitsgehalt dieser Aussage. Der folgende kleine Merktext hilft dir vielleicht dabei, dir die Hexenwoche einzuprägen:

Die Hexenwoche
Ich gestehe und erkenne, ich bin voller Weiblichkeit.
Dafür nehme ich immer montags Zeit.
Am Dienstag will ich auch nicht ruh´n
und was für meinen Frieden tun.
Mittwoch, damit mir niemals etwas fehlt,
kümmer ich mich ums liebe Geld
und Donnerstag ist Tag des Thor,
da nehm ich mir die Ehre vor.
Wenn dann wieder Freitag ist,
freu ich mich, dass allerorten Liebe fließt.
Der Samstag ist ein ruhiger Tag,
an dem ich mich bescheiden mag,
um Sonntag in vollem Tatendrang
zu entscheiden: Jetzt fang ich an!

Leider geschieht es häufig, dass gar nicht wirklich etwas anliegt, was man Thor oder Merkur oder einem der anderen antragen könnte. Dann wähle ich einfach nur die farblich passende Kerze für den Tag und meditiere ein wenig über die entsprechende Qualität. Die Kerzen habe ich übrigens immer auf Vorrat zuhause, denn

schließlich will ich mir nicht selbst ein Bein stellen, indem ich erst mal Kerzen einkaufen muss, bevor ich mich um mein Hexenwerk kümmern kann.
Das weiße Hexenwerk ist kaum überliefert und auf mündlichen Wegen gehen viele Informationen verloren oder werden verfälscht. Da geht es uns Hexen wie allen anderen Menschen auch. Schlussendlich muss ich meine Erfahrungen, die Überlieferungen und meine eigene Intuition zusammenbringen, um ein schlüssiges Konzept zu finden. Meine Kerzenfarben für die Wochentage sind unten in der Tabelle, zusammen mit kurzen Handlungsmöglichkeiten, aufgeführt. Beachte aber bitte, ob du dich in einer Phase des zunehmenden oder des abnehmendem Mondes befindest: Eine nährende Gesichtsmaske beispielsweise ist bei zunehmendem Mond erfolgreicher, eine Diät beginnst du besser bei abnehmendem Mond.

Silber oder dunkelblau für den ***Montag***

Vollbad, Meditation, Körperpflege

Rot für den ***Dienstag***

Rechtsstreitigkeiten klären, unliebsame Korrespondenz, sein Recht verteidigen, Trennungen

Violett für den ***Mittwoch***

(Merkur soll Lavendel lieben, weil er als Götterbote den Duft dieser Pflanze sehr schätzt, der bis zu den Göttern hinauf strömt) Rechnungen schreiben, Finanzplan erstellen, Handel treiben, Wünschen, Geldmagie

Dunkelblau für den ***Donnerstag***

(also selbstverständlich die Königsfarbe für den Göttervater Thor) Unbescheiden sein, aus dem Vollen schöpfen, Luxus genießen, Geldmagie

Hellgrün oder Rosa für den ***Freitag***

Umgang mit Blumen, Lyrik und schönen Dingen, Zeit für Zweisamkeit, Liebesmagie

Gelb für den ***Samstag***

Fastentag, Schulden begleichen, Meditation, Konzentrationsübungen

Gold oder Gelb für den ***Sonntag***

Projekte starten, Neues erobern, Erfolgsmagie

Die Beschreibung der Hexenwoche und der damit verbundenen Gottheiten soll nicht zu der Annahme führen, moderne Hexen hingen der Vielgötterei an. Die weiße Magie ist keine Religion. Weiße Magie selbst ist nur die Haltung, die ein Mensch einnimmt. Ich lehne das Organisieren von Lebenshaltungen ab, denn ich bin davon überzeugt, dass ein Mensch seine innere Überzeugung besser ohne reglementierende Außeneinflüsse leben kann. Wenn wir weißen Hexen uns treffen, und das geschieht sehr häufig, dann immer freiwillig. Und dann treffen wir uns, um die Magie zu ehren, und nicht, um einem Vorstand, einer Priesterin oder einer Organisation zu gefallen. Wir treffen uns am Punkt unserer Gemeinsamkeit und weil unsere Wege ganz nah beieinander liegen.
Auch bei unseren persönlichen Kontakten vertrauen wir auf die natürliche Ordnung und die universellen Gesetze. Wir verzichten auf alles, was uns starre und wachstumsfeindliche, vor allem künstliche Regeln aufzwingen würde. Und mit Vielgötterei hat das nichts zu tun. Die Bezeichnungen der Götter sind nur Synonyme für Lebensqualitäten der eigenen Seele. Wer wirklich einen Götterhimmel sieht und überzeugt ist, Merkur sitzt im Himmel und schnuppert Lavendelduft, der braucht kein Ritual, sondern einen Arzt. Wenn dir also diese magische Sprache nicht zusagt, dann lass die Götternamen weg. Das Wissen um die Weltenseele und um die

Natur ist frei und von keinem Menschen in irgendwelche Schubladen zu pressen. Es ist das älteste Wissen der Welt und findet sich in allen Religionen, Ideologien, ja sogar in der Wirtschaft wieder. Wahrscheinlich wird es gerade wegen seiner Stärke und Konsequenz so oft diffamiert und verleumdet. Der moderne Ausdruck für magische Ordnung ist Self-Management. Auch in der Sprache des modernen Managements lässt sich die Magie beschreiben. Doch was nützen immer wieder neue Wörter und Begriffe, wenn die Inhalte nicht umgesetzt werden.

Ich habe viel mit Menschen zu tun, die die Sprache der Magie, genau wie ich, vorziehen, weil sie so schön bildhaft und konkret ist. Insgesamt habe ich fünf Fremdsprachen gründlich gelernt und wenn jemand Deutsch nicht verstehen kann, dann bin ich höflich und nutze eine andere Sprache, eine, die er verstehen kann. Wenn ein Manager bei mir im Hexenkeller sitzt und eine spirituelle Karriereberatung erhält, nutze ich ihm zuliebe die Sprache des Coachingprozesses. Er versteht mich dann besser, obwohl die Inhalte dieselben sind. Ändern sich aber die Inhalte, dann ist etwas falsch, denn es kann zwar viel unterschiedliches Wissen geben, aber nur eine Weisheit der Weltenseele. Ich darf, ganz gleich in welcher Sprache ich spreche, die Basis der Worte nicht verlassen.

Exkurs: Die Bäume, deine Wegbegleiter durch die Woche

Zu unseren besten Freunden gehören die Bäume. Es gibt sieben magische Bäume, von denen jeder einer Qualität und einem Wochentag zugeordnet ist. Wenn du mit den sieben magischen Bäumen durch die Woche gehst, kommst du der Hexenwoche schon ein gutes Stück näher.

❂ *Montag – Kirschbaum*

Der Kirschbaum repräsentiert in der Magie die Weiblichkeit. Seine unschuldig weißen Blüten weisen uns auf die Jungfräulichkeit der Göttin hin, die Früchte später auf die reife Frau. Der Kirschbaum war im antiken Griechenland der Göttin Artemis geweiht. Diese ist ungebunden und frei, sie liebt den Wald. Im Kirschbaum vermutet man die Heimat von Feen und Elfen, doch wer diese beobachtet, den ereilt nach alter Überlieferung ein Unheil. Wie der Mond, so ist auch der Kirschbaum verknüpft mit dem heiligen und geheimnisvollen Rhythmus werden - wachsen – vergehen.

Das Ritual des Kirschbaums
Ritualbedarf: weiße Kerze, rote Kerze, schwarze Kerze, getrocknete Kirschblüten oder Blätter als Räucherung, Schutzkerze.

Nimm dir Zeit für das Ritual und reinige zuerst dich und dann deine Ritualgegenstände. Rufe in Gedanken den Schutz des Lichts an, während du die Schutzkerze entzündest. Dann beginne zu räuchern, während du den folgenden Spruch aufsagst:

„Werden, wachsen und vergehen,
Ich will diesen Weg verstehen.
Ich will in Deiner Obhut sein,
Und Freiheit strömt in mich hinein!
So sei es! So sei es! So sei es!"

Jetzt zünde die Ritualkerzen an. Bei der Weißen sage: „Werde!", bei der Roten: „Wachse!" und bei der Schwarzen: „Vergehe!". Beende das Ritual, wenn die Räucherung aufgebraucht ist, indem du die Lichtwesen dankend entlässt und deine Schutzkerze löschst. Du kannst dieses Ritual an jedem Montag durchführen. Wenn dir dafür die Zeit fehlt, dann zünde wenigstens montags die Ritualkerzen für eine Weile an, bis sie eines Tages ganz heruntergebrannt sind. Spätestens dann aber solltest du dir wieder ein bisschen mehr Zeit für deine Weiblichkeit nehmen.

Dienstag – Eiche

Die Eiche ist der Baum der männlichen Marsenergien. Sie gilt als stark und unangreifbar. Dienstag ist der Tag der Konfliktlösung, sowohl in dir selbst als auch im Außen. Wenn du mit der Eiche arbeitest, dann am besten in der männlichen Jahreszeit, denn im Winter trägt die göttliche männliche Seite einen Stechpalmenzweig. Eichenrinde ist ein beliebtes Räucherwerk, wenn du um Kraft und Stärke bitten willst. Im Herbst kannst du aus Eicheln Mehl zubereiten und Eichenküchlein backen. Wässere und trockne die Eicheln aber vorher, sonst schmecken sie bitter (24 Stunden wässern, danach trocknen lassen).

Das Ritual der Eiche
Ritualbedarf: rote Kerze, Eichenrinde als Räucherung, Schutzkerze.

Nimm dir Zeit für das Ritual und reinige zuerst dich und dann deine Ritualgegenstände. Ruf in Gedanken den Schutz des Mars an, während du die Schutzkerze entzündest. Zünde die rote Kerze an und sprich dabei:

„Kraft und Stärke in mir drin –
Frei und mutig sei mein Sinn.
Was mir gehört, geb ich nicht her –
Ich liebe dieses Leben sehr.
So sei es! So sei es! So sei es!"

Gib jetzt Eichenrinde auf die Räucherkohle und wiederhole den Spruch noch dreimal. Mars macht Mut! Lerne, alles zu geben, was du geben kannst, doch nutze die Qualität des Mars, um zu verteidigen, was du für dein eigenes Leben brauchst, sei es materiell oder ideell. Beende das Ritual, wenn die Räucherung aufgebraucht ist, indem du dich bei Mars bedankst, ihn entlässt und deine Schutzkerze löschst. Wenn du an den folgenden Dienstagen mit Konflikten umgehen musst, zünde wenn möglich vorher für eine Viertelstunde deine rote Kerze an und nutze einen Teil deines Zauberspruchs als Bekräftigung: „Was mir gehört, geb ich nicht her – ich liebe dieses Leben sehr."

Mittwoch – Ulme

Die Ulme ist ein Baum der Seele und Merkur geweiht. Merkur ist eine sensible Qualität, er kennt den Weg zwischen der Götter- und der Menschenwelt, deshalb ist er auch der Götterbote. Mittwoch ist der Tag des Handels und der Reise und wer um gute Geschäfte bitten will, kann das gut an einem Mittwoch tun. Die Ulme ist wegen ihrer Feinsinnigkeit auch als Baum der Gerechtigkeit bekannt. Leider wurde sie daher für Hinrichtungen benutzt und Ulmensärge wurden für den Weg zum Jüngsten Gericht gearbeitet. Ulmen auf Friedhöfen bereiten den Toten den Weg in den Himmel.
Der wichtigste mythologische Aspekt ist, dass die Frau in der nordischen Mythologie aus Ulmenholz erschaffen wurde. Diese erste Mutter der Menschen entstand aus einem Stück Ulmenholz, das aus dem Meer an den Strand gespült wurde. Ihr Name war Umbla.

Das Ritual der Ulme
Ritualbedarf: violette Kerze, Lavendel als Räucherwerk, Wasserschale, Feder, Schutzkerze.

Nimm dir Zeit für das Ritual und reinige zuerst dich und dann deine Ritualgegenstände. Ruf in Gedanken den Schutz des Lichts an, während du die Schutzkerze entzündest. Halte die Wasserschale nach oben und sprich: „Ich empfange die Kraft des Gefühls in mir." Halte die Feder hoch und sprich: „Ich empfange die Kraft des Geistes in mir." Halte das Räucherwerk hoch und sprich:„Ich empfange die Kraft des Geistes in mir." Zünde die Ritualkerze an und sprich: „Ich empfange die Kraft des Feuers in mir." Gib jetzt Lavendel auf die Räucherkohle und sprich:

„Alles, was im Himmel, soll in mir werden –
alles, was im Himmel, will ich leben auf Erden!
So sei es! So sei es! So sei es!"

Beende das Ritual, wenn die Räucherung aufgebraucht ist. Lösche die Kerzen und bewahre die Gegenstände eine Woche lang sichtbar auf. Zünde die Ritualkerze noch sieben Tage lang täglich an und sprich den Zauberspruch dabei.

❂ *Donnerstag – Ahorn*

Der Ahorn ist der Baum für das Element Erde und der Donnerstag ist der Tag für die großen Wünsche. Jupiter/Zeus/Thor ist der höchste aller Götter im jeweiligen Pantheon. Er hat die größte Kraft, um Erfolg und Ehre, Achtung und Anerkennung zu bewirken. Das Ahornblatt mit fünf Fingern steht für das Pentagramm und stellt damit die Elemente Feuer, Wasser, Erde, Luft und den Geist dar. Die Ahornblätter mit drei Fingern symbolisieren hingegen die drei Gesichter der Göttin: Jungfrau – Frau – Weise.
In der Mythologie wird dem Ahorn vor allem Schutzkraft zugesprochen. Ahornblätter auf Insektenstichen sollen dafür sorgen, dass die Schwellung abnimmt.

Das Ritual des Ahorn
Ritualbedarf: dunkelblaue Kerze für die Meditation, getrocknetes oder frisches Ahornblatt als Räucherwerk, Schutzkerze.

Nimm dir Zeit für das Ritual und schließe es direkt an eine kurze Atemmeditation an. Das bedeutet, dass du eine Weile deinen Atem wahrnimmst, bevor du dieses Ritual feierst. Für ein Jupiterritual ist die innere Ruhe von großer Bedeutung. Ruf in Gedanken den Schutz des Lichts an, während du die Schutzkerze entzündest. Gib jetzt dein Räucherwerk auf die Räucherkohle und sprich:

„Ich lebe in Stärke und Kraft und
meine Träume sind für die Wahrheit gemacht.
Jupiter gibt meiner Vision Bestand und
ich habe meinen Weg erkannt.
So sei es! So sei es! So sei es!"

Beende das Ritual, wenn die Räucherung aufgebraucht ist. Arbeite in den folgenden vier Wochen mit der Affirmation: „Ich setze meine Vision jeden Tag Schritt für Schritt stärker in die Realität um."

✪ *Freitag – Birke*

Die Birke ist der Baum der Venus, die in der nordischen Mythologie Freya ist. Die Birke steht für Jugend und Schönheit und damit ist sie ein Baum der Liebe und der Verliebten. Junge Birkenblätter wurden früher als Aufguss für den Erhalt der Jugend getrunken, Birkenwasser für kräftiges Haar ist noch heute bekannt. Aufgrund ihrer „Liebes-"Bedeutung wird die Birke als Maibaum verwendet.

Das Ritual der Birke
Ritualbedarf: hellgrüne Kerze, Rosen- und Birkenblätter als Räucherwerk, Schutzkerze, ein Stück Papier.

Nimm dir Zeit für das Ritual, reinige dich vorher sehr liebevoll. Öle danach deinen Körper ein und mach dir deine eigene Liebenswürdigkeit bewusst. Nimm dabei wahr, dass auch deine dunklen Stellen liebenswürdig sind. Ruf in Gedanken den Schutz des Lichts an, während du die Schutzkerze entzündest. Gib jetzt dein Räucherwerk auf die Räucherkohle und schreibe den folgenden (oder einen anderen) Wunsch auf das Papier:

„Venus lass mich Liebe leben –
Lass mich der Liebe mich hingeben –
Gib mir Zartheit und Geschick –
Das mir erhält der Liebe Glück.
So sei es! So sei es! So sei es!"

Beende das Ritual, indem du das Papier mit der Räucherung verbrennst und somit dein Wunsch bei Venus ankommt. Arbeite in den folgenden vier Wochen jeden Freitag mit der Affirmation: „Venus öffnet mir der Liebe Tür, und ich danke ihr dafür."

❂ *Samstag – Buche*

Die Buche ist dem Saturn und damit dem Samstag zugeordnet. Es ist der Tag der Bescheidenheit, der Arbeit und der Beschränkung. Um Saturn gerecht zu werden, sollte man an diesem Tag sein Ego besonders in die Schranken weisen und sich auf das Wesentliche im Leben besinnen.

Die Buche soll das Holz für die Runen gespendet haben, die dem Gott Thor am Baum Yggdrasil übergeben wurden. Buchen gelten als Schutzbäume und spenden Ruhe und Kraft.

Das Ritual der Buche
Ritualbedarf: braune Kerze, Schutzkerze.

Nimm dir Zeit für das Ritual, reinige dich vorher. Ruf in Gedanken den Schutz des Lichts an, während du die Schutzkerze entzündest. Jetzt entzünde die Ritualkerze und sprich den folgenden Spruch:

„Sator arepo tenet opera rotas.
So sei es! So sei es! So sei es!"

Dieser Spruch bedeutet: „Der große Sämann hält alles in seiner Hand." Er mahnt uns zur Demut und Bescheidenheit.
Halte in Ruhe aus, bis deine Ritualkerze heruntergebrannt ist. Dieses Saturnritual dauert etwa vier Stunden, doch Geduld und Beschränkung des Egos wirst du damit sicher erreichen.

☼ *Sonntag – Esche*

Man hat lange Zeit vermutet, dass die Esche in der nordischen Mythologie der Weltenbaum gewesen sei, doch inzwischen ist diese Annahme widerlegt. Es muss sich vielmehr um eine Eibe gehandelt haben, denn die Esche ist nicht immergrün. Doch aus der Esche wurde der erste Mann des Menschengeschlechts geschaffen, Ask, der Mann vom Umbla.

In der Esche steckt die Kraft, neue Projekte zu beginnen und Impulse zu setzen. Die Esche ist der Baum für den Neuanfang, so wie der Sonntag der Tag für männlichen Tatendrang und Entscheidungen ist.

Das Ritual der Esche
Ritualbedarf: gelbe Kerze, Lorbeer als Räucherwerk, Schutzkerze, ein Stück Papier, goldene Kordel.

Nimm dir Zeit für das Ritual, reinige dich vorher gründlich. Schreibe dein neues Projekt, deinen größten Wunsch an dich selbst, auf das Papier. Ruf in Gedanken den Schutz des Lichts an, während du die Schutzkerze entzündest. Gib jetzt dein Räucherwerk auf die Räucherkohle und entzünde die Ritualkerze. Verknote die Kordel um das Papier und sprich dabei:

„Der Sonne Licht kann nie vergehen –
meine Tatkraft bleibt bestehen.
Ich bin bereit, mir gut zu tun –
bevor es gelingt, werde ich nicht ruh´n.
So sei es! So sei es! So sei es!"

Halte das Päckchen nun über den Rauch, um ihm die Qualität des Erfolgs zu verleihen. Beende das Ritual, wenn die Räucherung vorbei ist und trage deinen verknoteten Wunsch immer bei dir, bis dein Werk sich vollendet hat.

Das Hexenjahr

Was könnte wohl besser das Jahr der weißen Hexe bestimmen als die Natur? Das Hexenjahr orientiert sich weniger am gregorianischen Kalender als vielmehr an dem, was die Hexe mit ihren eigenen Augen in der Natur beobachten kann. Sie lebt wie eine Pflanze oder wie die Tierwelt, ganz stark im Rhythmus der Jahreszeiten. So kann die weiße Hexe auch in der Verbindung mit allem Leben sein, frei von Entmenschlichung oder Widernatürlichkeit.

Man streitet sich darüber, ob das Hexenjahr zu Beltane, also am 30. April, oder zu Samhain, am 31. Oktober beginnt. Hierbei stellt sich die Frage, ob die stille Zeit oder die Zeit des Neubeginns den Anfang des Hexenjahres darstellt. Da es sich aber um einen nicht endenden Kreislauf handelt, ist die Frage nach dem Anfang eigentlich gar nicht wichtig.

Zu Samhain, das vielen hierzulande leider nur noch als Halloween bekannt ist, tritt die Mondgöttin ihre Herrschaft an. Jetzt wird die Zeit von Weiblichkeit bestimmt, Meditation und Bewahren stehen ganz vorn. Das bedeutet, dass bei Männern und Frauen die weiblichen Kräfte in den Vordergrund treten. Das hat weder mit Hausarbeit noch mit Schwäche etwas zu tun, sondern es geht um Intuition und den Weg nach innen. Ein starker Mensch hat eine starke männliche und dazu eine starke weibliche Seite, ganz gleich, ob es sich um einen biologischen Mann oder um eine biologische Frau handelt. Der Mythos vom starken Mann und der schwachen Frau – oder in der Neuzeit sogar umgekehrt –, ist ein Betrug an der Menschheit, um aus kommerziellen Interessen und um der Macht willen Zwietracht und Trennung zwischen den Geschlechtern zu säen. Paare erleben gemeinsam die weibliche Jahreszeit und auch Männer befassen sich zu diesem Zeitpunkt mit ihrer Innenschau, um ihre Fähigkeit zur Erkenntnis und zum Bewahren des Guten zu fördern. Der Samhaintag selbst ist der Begegnung mit den Ahnen gewidmet. Hexen heißen ihre Ahnen willkommen und fragen sich, welche Botschaften der Vorfahren es wert sind, bewahrt zu werden. Schließlich tragen wir das Wissen der Ahnen in uns, auch wenn es uns manchmal nicht bewusst ist. Auch Menschen, die nichts von weißer Magie wissen, leben diese Sitte. Es wird Allerheiligen gefeiert und gerade in der Zeit vor Weihnachten brüsten sich viele mit Koch- und Backrezepten, die ihre Oma schon verwendet hatte. Samhain ist dann zwar sehr abgeflacht, denn eine Kerze auf dem Friedhof und ein paar Kekse am offenen Fenster werden dem Tag nicht gerecht, doch es ist besser als nichts und zeigt doch immer wieder, dass die weiße Magie bis heute in der Gesellschaft wirkt. Selbst Zwangschristianisierung und Inquisition konnten den Menschen nicht von dem abhalten, was das wahre Leben ausmacht.

Nach der weiblichen Zeit, die mit dem Julfest am 21. Dezember zu Ende geht, kommt eine Phase des Übergangs, die für die Vorbereitung auf die nächste Wachstumszeit genutzt wird, indem Aufräumen, Putzen und Entrümpeln im Vordergrund stehen. Ende März ist die männliche Energie schließlich stark genug, um neue Impulse zu setzen; sie steigt an bis zur Sommersonnenwende am 21. Juni und nimmt dann bis Samhain wieder stetig ab. Für mich als weiße Hexe bedeutet das, dass mein Jahr grob in zwei Hälften geteilt ist, und da kommt es meiner Umgebung schon mal sonderbar vor, wenn ich mich im Dezember weigere, ein neues Buchkonzept zu entwerfen, weil ich mich schließlich in der weiblichen Zeit befinde. Was immer sich zwischen Oktober und Februar an Impulsen und Entscheidungen vermeiden lässt, vermeide ich. Das mag eigenartig anmuten und ich ernte oft fragende Blicke für diese Lebensordnung. Meist werde ich gefragt, was denn mit den wichtigen Alltagsdingen geschehe, wenn ich im Winter quasi eine Ruhezeit einlege. Was geschieht denn mit dem Alltag der Säugetiere, die einen Winterschlaf halten? Oder mit dem Alltag der Pflanzen, die im Winter ruhen? Sie bleiben, was sie sind, und erwachen im Frühling wieder neu. Und schließlich darf nicht vergessen werden, dass ich im Sommer, also in der männlichen Jahreszeit, alles so weit erledige, dass ich die weibliche Zeit dann auch in Ruhe und größtmöglicher Freiheit genießen kann. Das fängt schon bei der Gartenarbeit an: Meine Kräutervorräte und auch viele andere Nahrungsmittel sind im Oktober abgeerntet und entweder eingefroren oder anderweitig konserviert. Die Kürbisse liegen im kühlen Keller und halten bis zu fünf Monate; andere Vorräte sind eingekauft. Keine zehn Pferde würden mich in der so genannten Adventszeit in die Geschäfte treiben können, wenn es nicht unbedingt erforderlich ist. Früchtebrote, Kleingebäck, all diese Dinge lassen sich in der munteren männlichen Zeit zwischen März und Oktober sehr gut herstellen und bringen eine weiße Hexe und ihre Familie normalerweise gut über den Winter. Kräutersirup, Hustensaft, all diese wichtigen Genüsse werden uns im Sommer von der Natur zur Verfügung gestellt, und wir brauchen sie wirklich nicht im Winter für teures Geld zu kaufen. Ein Kräutersirup lässt sich übrigens ganz leicht herstellen:

Hexentipp

Etwa drei bis vier Handvoll Kräuter (Salbei, Thymian oder Rosmarin) werden in 750 ml Wasser für 10 Minuten gekocht, dann werden die Kräuter abgeseiht. In den Sud kommen 1000 g Rohrzucker und diese Mischung sollte etwa 20 Minuten köcheln, bevor sie in Gläser oder Flaschen gefüllt wird. Kräutersirup sollte die weiße Hexe immer parat haben: Salbeisirup hilft bei Halsweh, Thymian bei Husten und Rosmarin belebt bei Erkältungen. Wenn ich mich im August zwei Stunden an den Herd stelle, um die Sirupzubereitungen herzustellen, spare ich im Winter mindestens die dreifache Zeit, die ich in Drogerien oder Apotheken verbringen müsste, wenn eine kleine Unpässlichkeit auftritt.

Genauso kannst du mit Badezusätzen verfahren. Mein Garten bietet mir im Sommer eine solche Üppigkeit, dass ich fast gezwungen bin, die Kräuter zu verwenden, die dort wachsen, wenn ich sie nicht verkommen lassen will. Das ist normalerweise sogar bei einem Kräutergarten auf der Fensterbank der Fall. Zitronenmelisse beispielsweise ist ein toller Badezusatz zur Entspannung. Getrocknete Melisse in eine Filtertüte gepackt, einmal fest verschlossen – und schon sind die Kräutertütchen kostengünstig und in wenigen Minuten fertig. In der weiblichen, kalten Jahreszeit freue ich mich über den frischen Kräuterduft ohne Chemie und vor allem, ohne Geld dafür ausgeben zu müssen. Ebenso kannst du mit Minze (nur für Erwachsene) oder mit Rosmarin verfahren. Kräuter für Räucherungen und für Aufgüsse werden ebenfalls in kürzester Zeit schon im Sommer vorbereitet. Bei richtiger, also trockener und lichtgeschützter Lagerung halten die Kräuter sich gut bis zum nächsten Sommer, ohne ihre Inhaltsstoffe zu verlieren.

Für dein Leben als weiße Hexe bedeutet das, im Sommer aktiv und rührig zu sein, um dann im Winter deine Ernte zu genießen und dich auszuruhen. Das ist mir inzwischen zur lieben Gewohnheit geworden. Ein paar freie Tage im Dezember sind mir schon lange nicht mehr genug Ruhe, zumal die bei vielen modernen Menschen auch noch mit Stress verbunden sind. Und manchmal kommt eine meine Schattenseiten ans Licht, wenn ich dann das Klagen und Jammern derer höre, die meinen, in ihrem Leben nicht vorwärtszukommen oder nur in einem Hamsterrad zu sitzen. Wer unbedingt seine eigene Natur vergewaltigen will, darf dafür schließlich keinen Erfolg erwarten. Das ist übrigens nicht dogmatisch zu verstehen, sondern nur als eine Prämisse: Wenn mein Kind im Dezember operiert werden muss, treffe ich die Entscheidung selbstverständlich sofort. Alles, was die weiße Magie an Regeln zu bieten hat, gilt unter dem Grundsatz: Das Leben lieben. Stell es dir vor wie eine Kreuzung: Normalerweise gilt die Ampel. Fällt sie aus, gelten die Beschilderungen. Gibt es keine Schilder, gilt rechts vor links. Doch wenn ein Verkehrspolizist in der Mitte der Kreuzung steht, gilt er vor Ampel, Schildern und allem anderen. Der Verkehrspolizist der weißen Hexen ist die Liebe zum Leben. Lass das folgende Gedicht auf dich wirken, um dem Jahreskreis der weißen Magie näherzukommen.

Jahresrad

Ist das Jahresrad vollbracht,
sind die Speicher vollgemacht?
Jetzt kommt die Zeit der Hexenpracht,
uns auch bekannt als heil´ge Nacht.
Der Julenacht strebt nun entgegen,
freut euch, feiert, seid verwegen.
Vorbei ist heut die längste Nacht,
die Sonne nimmt sich ihre Macht.
Zwar ist es kalt in diesen Tagen,
noch hat die Göttin hier das Sagen.
Bis bald im März in heller Pracht
der Sonnengott vom Himmel lacht.
Hand in Hand geh´n beide dann
Das Werk der neuen Aussaat an.
Und bahnt sich höchster Sommer an,

die Göttin endlich ruhen kann.
Denn dann regiert der Sonnenmann
und zieht die Welt in seinen Bann.

Der Rhythmus, die Bewegung ist es, die die Hexen so fasziniert und letztlich auch unsere Welt zusammenhält. Das wird auch im obigen Gedicht ausgedrückt. Der Wechsel zwischen Männlichkeit und Weiblichkeit, harmonisch und ohne Konkurrenzdenken, gibt uns die nötige Ruhe für unser Werk. Das Jahresrad zeigt sich im Adventskranz, im Kornkranz, ja sogar in gewöhnlichen Türkränzen. Der Kreis ist das Zeichen für Vollkommenheit, und wir weißen Hexen bemühen uns, immer und immer wieder diesen Kreis abzuschreiten. Dabei kommen wir spiralähnlich immer näher an den Kern heran, an den eigentlichen Sinn des Lebens, den wir in unserem eigenen göttlichen Kern finden.

Feste und Feiern

Hexen feiern gern und üppig. Wir feiern, um Abschied zu nehmen von einer Etappe und um die neue zu begrüßen. Wir feiern Jahreskreisfeste, weil wir uns darüber freuen, dass der ewige Kreislauf von Werden – Wachsen – Vergehen uns mitnimmt auf seine Reise und dass unser Lebensweg ein Teil des großen Lebensweges ist. Junge Hexen mit weniger Erfahrung, die noch neu auf dem Weg sind, lassen manchmal das eine oder andere Jahreskreisfest aus, doch im Laufe der Jahre werden die Hexenfeste zu einem festen Bestandteil des Hexenlebens. Meine Erfahrung mit Hexenschülerinnen und Hexenschülern ist, dass sie etwa drei Jahre brauchen, um ganz und gar im natürlichen Takt des Hexenjahres anzukommen. Dann allerdings haben sie ihn auch verinnerlicht und können sich gar nicht mehr vorstellen, dass es auch mal anders war.

Wie die Hexenfeste gefeiert werden, ist nicht dogmatisch festgelegt. Wichtig ist, dass die Naturkräfte geehrt werden – auf exakte Abläufe und Dekorationen kommt es dabei weniger an. Auch früher unterschieden sich die Bräuche von Gegend zu Gegend, die du in Erfahrung bringen kannst, wenn du dich in deiner Gegend bei den Älteren informierst. Da gibt es spezielle Rezepte, Dekorationen und vieles mehr, mit denen früher die Feiern verbunden waren. Die Jahreszeit, in der ein Fest stattfindet, spielt eine große Rolle, denn mit den Festen ehren wir die Natur. Ein Jahreskreisfest ist also keine Party, für die man sich eine Disco mietet. Viele denken auch, dass die Hexenfeste mit den christlichen Festen nicht vereinbar seien, aber das stimmt nicht. Früher habe ich den Hexenfesten nur einen kleinen Zeitrahmen am entsprechenden Tag zugewiesen, verzichtet habe ich aber auf keines. Später lud ich dann meine Familie dazu ein. In all den Jahren wurden bei uns die christlichen Feste gefeiert, und irgendwann kam der Tag, an dem ich das Hexenfest einfach in das christliche Fest habe einfließen lassen, meist liegen sie ja zeitlich zusammen. Bald habe ich meine Freunde zu den Hexenfesten eingeladen und die christlichen Feste in der Familie wurden etwas kleiner begangen. Heute feiern wir Jul oder Ostara, Imbolc oder Litha, ganz gleich, wie sie heißen. Schließlich sind die modernen christlichen Feste ja aus den Hexenfesten hervorgegangen und haben gar keine eigenen Riten. Diejenigen, die sagen, beides ließe sich verbinden, feiern eigentlich gar nicht, weder magisch noch christlich. Sie folgen lediglich gesellschaftlichen Gewohnheiten, von denen sie nicht lassen wollen. Das merkt man besonders zu Weihnachten. Hier geht es gar nicht um die

Unterscheidung zwischen Jul und Weihnachten, sondern es geht um die Entscheidung zwischen einem spirituellen Fest oder einer Fress- und Konsumparty.

Die Feste im Einzelnen

Für die einzelnen Hexenfeste gibt es viele verschiedene Namen. Ich wähle im folgenden Kapitel diejenigen aus, die ich in meiner Gemeinschaft mit modernen Hexen auch verwende. Wenn du einmal einem anderen Namen begegnest, wirst du am Datum und an den Inhalten des Festes erkennen, wovon die Rede ist. Die hier beschriebenen Hexenfeste haben zwar Ähnlichkeit mit dem Jahreskreis der Wicca, gehen aber auf ältere Traditionen zurück, und die Hexenfeste der weißen Magie sind nicht mit den religiösen Festen der Wicca gleichzusetzen. Bei den unten beschriebenen Hexenfesten handelt es sich um Feste zu Ehren der Naturkräfte in dir und in deiner Umgebung, nicht um religiöse Praktiken.

❂ Samhain

Samhain ist das erste Fest im Hexenjahr und findet am 31. Oktober statt. Samhain ist der letzte Tag des Hexenjahres und gleichzeitig der Beginn der weiblichen Jahreszeit. In vielen Gegenden wird an diesem Tag Halloween gefeiert und die christlichen Kirchen haben einige der Bräuche für ihr Fest „Allerheiligen" übernommen. Samhain ist ein großes Fest, der Mondgöttin geweiht. Wenn du es energetisch genau zum rechten Zeitpunkt feiern willst, dann wähle den Vollmond aus, der diesem Datum am nächsten ist.
Zu Samhain ist das sogenannte Tor zur Anderswelt geöffnet und wir können mit unseren Ahnen in Kontakt treten. Viele Überlieferungen sprechen aber auch davon, sich vor bösen Geistern schützen zu müssen. Wenn du das Bedürfnis nach Schutz hast, dann stelle Kerzen vor deinem Haus auf. Das Licht hält die bösen Wesen

fern und weist den guten Geistern den Weg. Zu Samhain wird das Haus mit Stechpalmen, Kürbissen und Kerzen geschmückt. Koche eine feine Kürbissuppe für dich, deine Familie und deine Gäste und bereite den ersten Früchtekuchen zu.
Der spirituelle Inhalt des Festes Samhain ist die Innenschau. Nach den warmen Tagen und der vielen Arbeit im Außen ist nun die Zeit, innezuhalten und Einkehr zu üben. Die Menschen hatten früher im Sommer viel mehr zu tun als im Winter. Deshalb nutzten sie die Freiräume, die die Natur ihnen bot, um im Winter zu sich selbst und zu ihren Lieben zu finden. Feiere Samhain für dich selbst mit einem Kerzenritual. Du brauchst Salbei als Räucherwerk und deine Schutzkerze. Außerdem benötigst du eine rote und eine dunkelblaue Kerze. Fülle Salz in deinen Kelch und stelle für jedes der Elemente ein Symbol bereit. Reinige dich und deine Utensilien gründlich und sorge dafür, dass du bei deinem Ritual ungestört bist. Beginne, indem du deinen Altar aufbaust und einen Schutzkreis aus Salz um dich und um deinen Altar herum ziehst. Dann entzünde deine Schutzkerze und stelle dich aufrecht in die Mitte des Kreises, um die Kräfte des Universums zu dir zu rufen. Nutze den folgenden Ruf: „Ihr Kräfte des Himmels und der Erde, begleitet mich, damit das ein neues Jahr werde."
Entzünde die rote Kerze und sprich unter deiner Räucherung: „Männliche Kräfte, euch danke ich für alles, was geschehen, nun aber lass ich euch für eine Zeit in allem Frieden gehen."
Jetzt nimm die blaue Kerze und entzünde sie an der Flamme der roten, die du daraufhin sofort ausmachst. Sprich unter dem Duft der Räucherung: „Weibliche Kräfte, ich empfange euch und lade euch ein, nun meine Begleiter zu sein."
Atme ruhig und gleichmäßig in deinen Bauch, während du die Flamme der blauen Kerze betrachtest. Beende das Ritual, wenn die Räucherung aufgebraucht ist. Wenn du magst, dann schreibe dir

auf, was du von deinen Ahnen Gutes übernommen hast. Das können Weisheiten und Eigenschaften sein. Ehre die Ahnen, indem du dich heute Ihrer besonders erinnerst und vielleicht das Haus mit Gegenständen oder Sprüchen schmückst, die sie dir hinterlassen haben. Du kannst auch als Dank für ihr Wirken in deinem Leben für jeden eine weiße Kerze aufstellen und diese Kerzen bis Jul jeweils samstags anzünden.

Hexenzeit

Hexenzeit ist Winterzeit,
Die Erde trägt ihr weißes Kleid.
Die Sonne lässt sich jetzt nicht seh´n,
so kann dein Blick nach innen geh´n.
Hast nur Erkenntnis jetzt im Sinn und
zur Göttin strebt dein Sehnen hin.
Bewahren liegt in deiner Macht,
über die Deinen hältst du Wacht.
Doch hüte dich, nicht die Zeit zu versäumen,
hüte dich, nicht das Julfest zu verträumen.
Denn wenn die Tage länger werden,
dann ist mehr Sonne hier auf Erden.
Dann werde munter, mach bereit dich zum fegen,
denn schon bald musst du zur Aussaat dich regen.
Hexenzeit ist jede Zeit – halt stets die rechte Kraft bereit.

Was bedeutet dieser letzte Satz? In erster Linie sehe ich hier die Aufforderung, mit der Zeit zu gehen. Ich kann morgen nicht die Aufgaben von gestern erledigen. Meine Natur ist nicht zu bremsen. Das bedeutet, dass es für alles eine rechte Zeit gibt, die die weiße Hexe nutzen muss. Wenn sie die rechte Zeit verpasst, ist die Chance verloren. Sei also nicht traurig oder verzagt, wenn du etwas verpasst hast. Vergiss es einfach und wende dich der aktuellen Aufgabe zu. Da die Zeit ein Kreis ist, kehrt die Situation wieder. Lauf dir nur nicht hinterher, denn wenn du dich nicht erreichen kannst, kannst du auch dein Leben nicht führen.

Jul

Jul ist ein jüngeres Fest, es wird am 21. Dezember gefeiert und kündigt das Aufwachen des Sonnengottes an. Er erwacht und wächst heran, zu Beltane verbindet er sich mit der Göttin und hat zu Litha seine volle Größe erreicht, bis Samhain baut er an Kräften ab und schläft dann ein. Zu Jul meldet er sich zurück. Es handelt sich selbstverständlich um ein großes Freudenfest. Obwohl der kalte Winter noch lange nicht vorüber ist, werden die Tage wieder länger, und die Abwesenheit der männlichen Energien nimmt ein Ende. Lichter aller Art, Äpfel, Nüsse und Honig sollen den männlichen Gott einladen, sich wieder zu uns zu gesellen. Zu Jul wird traditionell Met getrunken und Früchtebrot gegessen, auch ein Julhahn gehörte früher dazu. Diese Speisen werden meist schon um Samhain herum hergestellt, denn sowohl Met als auch Früchtebrot müssen ruhen, um ihr volles Aroma zu entfalten. Der Julbock ist zumindest als Wort noch in aller Munde. Er hat seinen Ursprung im heutigen Skandinavien. Es handelt sich um einen gebastelten Bock aus Stroh. Eine Sitte, die noch aus den nordischen Traditionen herrührt. Er erinnert an den Gott Thor, der in einem Wagen fuhr, der von zwei Ziegenböcken gezogen wurde. Der finnische Weihnachtsmann heißt übrigens Joulipukki, eine wörtliche Übersetzung des Wortes „Julbock". Früher mästete man einen Schafbock, der dann das Weihnachtsmahl wurde – der Julbock. Heute ist es Sitte, in den Julbock aus Stroh oder Pappmaché Süßes zu packen. Zu Jul wird der Bock dann „geschlachtet" und ausgenommen. Besonders für Kinder ist das eine besondere Freude.

Feiere Jul mit Freunden und deiner Familie. Schmücke dein Haus und stell auch schon den Weihnachtsbaum auf, er ist keine Sitte aus dem Christentum, sondern versinnbildlicht mit seinem Immergrün das unsterbliche Leben. Dieser Brauch geht auf den Weltenbaum Yggdrasil zurück, der immergrün war. In der keltischen Mythologie wurden die beiden ersten Menschen, also der Beginn menschlichen Lebens, aus Holz gemacht. Feiere ein Ritual, um dir das Leben und die Freude deutlich zu machen. Nimm dir Zeit und reinige dich voller Freude an dir und deinem Körper. Du brauchst vier Kerzen, sehr gut eignen sich hier die klassischen „Grablichter". Außerdem kannst du, wenn du magst, Eichenrinde mit Orangenschalen und Apfelschalen räuchern. Hast du eine Trommel oder ein anderes Musikinstrument? Dann nimm es hinzu. Beginne in der Mitte des Raumes und zeichne dort ein Pentagramm auf den Boden (Kreide) oder lege eines aus Tannenzweigen zurecht. Stell die Schutzkerze in die Mitte des Pentagramms. Dann verteile die vier anderen Kerzen in den vier Himmelsrichtungen. Du brauchst etwa drei Meter Abstand zum Pentagramm. Zünde die Kerzen an und beginne, in Richtung des Uhrzeigersinns um das Pentagramm herumzugehen. An jeder Kerze sprichst du: „In allen Ecken soll Freude sein, ich lasse das Licht wieder herein." Geh schneller, schlage deine Trommel, beginne zu tanzen und zu singen. Dieses Ritual beendest du erst, wenn du voller Freude und Licht bist.
Du kannst es auch mit deinen Kindern feiern, die sicher viel Freude daran haben. Ein trüber Adventskranz mit elektrischen Lichtern ist sicher kein Ersatz für ein solches Freudenfest. Früher hat man übrigens die Kerzen des Adventkranzes ganz anders angezündet: Der Adventskranz war das Rad des Lebens, die vier Kerzen die Elemente. Zu Beginn wurden alle vier Lichter angemacht, dann mit jeder Woche eine Kerze weniger und schließlich zu Jul keine Kerze mehr, denn das Licht war ja jetzt in der Natur wieder aufgewacht.

Die Göttin bei Nacht

Zu Jul in kalter Winternacht
hält die Göttin hohe Wacht.
Sie erwartet zurück der Sonne Kraft,
die seit Samhain schon Pause macht.
Sie hofft und ist voll Zuversicht,
denn bald wird in der Welt wieder Licht.
So sieht sie sich schon Reigen tanzen
und unter der Sonne Rosen pflanzen.
Doch bis dahin ist noch weit,
noch ist uns´re Welt verschneit.
Langsam nur wächst Sonnens Zeit,
noch regiert die Weiblichkeit.

✪ Raunächte

Auf Jul folgen die Raunächte. Zwölf, in einigen Gegenden auch 14 Nächte, in denen die Meditation und der Übergang die wichtigste Rolle einnehmen. Es sind die Heiligen Nächte, in denen alle Grenzen verschwimmen, die Erde stehenbleibt und der Mensch sich in Meditation und Versenkung mit der Natur vereint. Es gibt viele schöne Bräuche in den Raunächten, die in diesem Buch nur kurz dargestellt werden können.

Exkurs: Die Raunächte – Heilige Zeit in der Jahresnacht

Was heißt eigentlich Heilige Nacht? Das Wort heilig hat den gleichen Wortstamm wie das Wort „heil" oder „gesund" – eben nicht beschädigt, nicht kaputt. Heil bedeutet in diesem Sinne auch „ganz", also nicht getrennt oder zertrennt. Heilige Zeiten, heilige Gegenstände, heilige Personen sind immer die, die „ganz“ sind, eins sind und keine Trennungen und Abspaltungen vorweisen. Betrachten wir nebenbei die englische Sprache, können wir den gleichen Zusammenhang erkennen (holy – heilig, whole – ganz).

Dieser Aspekt der Ganzheit bezieht sich normalerweise auf die Einheit mit dem Göttlichen, auf das ganz und gar mit dem Göttlichen verbunden sein. In der Heiligen Nacht ist dieser Zustand erreichbar bzw. soll er erreicht sein. Heilig ist das, was zum Göttlichen gehört und Heiligkeit können wir erleben, wenn wir unsere Einheit mit dem Göttlichen oder, moderner ausgedrückt, dem Universum wahrnehmen. Wahrnehmen heißt übrigens: Wir erkennen etwas als Wahrheit. Damit entsagen wir in der Heiligen Nacht dem Profanen, dem Weltlichen und gehen ganz ein in die göttliche Energie, verschmelzen mit dem Leben, denn Gott ist Leben, Gott ist Schöpfer und Schöpfung in einem. Dieses Erleben von Heiligkeit wurde in früheren Zeiten intensiver gelebt. Es gab mindestens 12 Heilige Nächte, die Raunächte. In diesen Nächten wurden Orakel befragt und die Grenzen zwischen den Welten überschritten. Die Natur spielte eine noch größere Rolle als sonst. Die Raunächte sind allerdings nicht nur Nächte, sondern auch die Tage gehören dazu, also ganze 24 Stunden, denn dieser Abschnitt der weiblichen Jahreszeit wurde auch die „Jahresnacht“ genannt. In den Raunächten finden wir Gelegenheit, unsere Ganzheit, unsere eigene Heiligkeit zu finden.

Was tun in den Raunächten?

Die Raunächte stecken voller Rituale und Bräuche. Hier stelle ich dir einige vor, die auch mit der Familie durchgeführt werden können:

Schutz für dein Haus

Sammle im Wald Stöckchen und andere Gegenstände. Binde diese zuhause zu einem Windspiel zusammen und hänge sie vor dem Haus auf. Früher dachte man, der Wind bringe Unheil. Niemand wusste ja, woher gerade in der kalten Jahreszeit die Erkrankungen kamen. Also gab man dem Wind ein Spielzeug, mit dem er beschäftigt war, damit er die Bewohner des Hauses in Frieden ließ. Wenn du dein Windspiel anbringst, dann sprich dabei: „Ich geb' dir deins und du lässt mir meins."

Elfenmeditation

Die folgende Meditation für die Raunächte lässt sich auch gut mit Kindern durchführen. Stelle dir vor, du wirst kleiner und kleiner, bis auf etwa Elfengröße. Plötzlich entdeckst du in einem Stein neben dir einen Eingang. Du marschierst mutig hinein, denn du hast nichts zu befürchten. Wenn du durch den Eingang gegangen bist, triffst du viele Elfen und Feen, sie haben auf dich gewartet und wollen dir unbedingt ein Geheimnis erzählen, das sie dir auch sofort verraten. Du freust dich und verabschiedest dich freundlich von allen; vergiss auch nicht, dich zu bedanken. Wenn du wieder in dieser Welt bist, wachse wieder auf deine menschliche Größe heran, recke und strecke dich und nimm das Wissen um das Geheimnis mit in die nächsten Tage.

Orakel in den Raunächten

Früher war es üblich, in der letzten Raunacht das Orakel für die kommenden zwölf Monate zu befragen. Hierfür eignen sich Tarotkarten besonders gut. Ich empfehle jedoch, nur die Karten aus dem großen Arkanum zu verwenden, denn diese sind viel gewichtiger und enthalten grundlegende Lebensthemen, die des kleinen Arkanum oft nur Stimmungen oder Teilaspekte. Zwölf Karten werden gezogen und der Reihe nach ausgelegt. So ergibt sich für jeden Monat eine Hauptaufgabe, die es zu bearbeiten gilt. Ebenso kann auch mit den Runen verfahren werden, dann gibt jede Rune Hinweise auf einen Monat des neuen Jahres. Eine Abwandlung finde ich besonders spannend: Frag für jeden Monat von Januar bis Dezember dein Pendel, ob du überhaupt eine Rune oder eine Karte ziehen sollst. Dein Pendel verrät dir dann im Vorfeld schon, in welchen Monaten überhaupt Höhepunktaspekte für deine Entwicklung zu erwarten sind.

❂ *Imbolc*

Imbolc wird am 1. Februar gefeiert und ist das Fest der Reinigung sowie der Vorbereitung auf einen Neuanfang. Zu Imbolc können wir unser Heim und unseren Körper, unseren Geist und unsere Seele reinigen. Schmücke dein Haus mit Salbei und Basilikum, auch Wacholderzweige eignen sich gut. Stell den „Essig der vier Diebe“ an diesem Tag her – das Rezept erfährst du gleich im Anschluss – und überlege, ob du eine Fastenkur oder eine Entschlackung an Imbolc anschließen möchtest. Verbrenne symbolisch oder konkret alles, was du nicht mehr brauchst, und entledige dich des alten Ballasts, er wird dich stören, wenn du zu Beltane die neue Saat ausbringen willst. Entzünde ein Feuer und wirf alles hinein, was verschwinden soll: „Altes vergehe, Neues entstehe.“ Dann nimm einen Teil der Asche und streue ihn von innen auf den Boden vor der Tür deines Hauses. Fege die Asche symbolisch mit einem Besen hinaus. Wenn alles ausgefegt ist, zerbrich deinen alten Besen und ersetze ihn durch einen neuen. Dann nimm eine reinigende Dusche mit einem Peeling und mach dich hübsch.

Hexentipp

Essig der vier Diebe. Dieses Essig-Rezept ist seit etwa 1720 überliefert. Damals wütete die Pest in Frankreich und niemand traute sich in die Häuser der Toten. Nur vier Diebe plünderten die Häuser – ohne sich anzustecken. Man fasste sie und ließ ihnen das Leben im Tausch gegen ihr Rezept zur Stärkung der Abwehrkräfte. Und so geht's:

500 ml Obstessig
1 bis 2 Esslöffel Rosmarin
1 bis 2 Esslöffel Salbei
1 Esslöffel Pfefferminze
1 Esslöffel Angelikawurzel
2 Teelöffel zerstoßene Gewürznelken

Fülle alle Zutaten zusammen in eine Flasche und stelle diese an einen warmen Ort. Dreimal täglich solltest du die Flasche schütteln und den Sud nach zwei Wochen filtern und in schöne Flaschen füllen. Verschenke auch etwas davon an deine Freunde. Eingenommen wird der Vier-Diebe-Essig morgens. Zwei Teelöffel in einem Glas Wasser wirken wahre Wunder für die Stärkung der Abwehrkräfte und den Stoffwechsel, außerdem entschlackt er. Beim nächsten Vollmond kannst du damit eine Kur für eine Dauer von zwei Wochen beginnen. Nun darfst du auch schon Pläne für die kommenden Monate schmieden. Nur warte noch mit deren Umsetzung, zuerst muss die Reinigung vollzogen sein.

Imbolc ist übrigens das Fest, das bei modernen Hexen den geringsten Anklang findet. Dabei gehört es zu den vier großen solaren

Festen: Samhain, Imbolc, Beltane und Lughnasad. Jul, Ostara, Litha und Mabon sind kleinere und auch jüngere Feste. Aber vielleicht hat die moderne Hexe nicht so große Lust darauf, aufzuräumen und sich von alten Aspekten zu verabschieden. Erst wenn man schon eine ganze Weile auf dem Hexenweg geht, entwickelt sich die Fähigkeit, Ballast ganz angstfrei einfach abzuwerfen, und später empfindet man sogar eine große Freude und Wonne dabei.

❂ *Ostara*

Ostara ist das erste Fest der Aussaat. Es findet am 21. März statt, also am Tag der Frühjahrstagundnachtgleiche. Jetzt ist die männliche Energie stark genug, um den Neustart zu wagen. Deine Pläne und Vorhaben für dieses Jahr bis zur Ernte darfst und solltest du jetzt in die Tat umsetzen. Nun beginnt die Zeit der Arbeit. Keine moderne Hexe wird in den nächsten Wochen und Monaten untätig sein. Dieses Fest ist der Göttin Ostara geweiht, die für Frühling und neue Fruchtbarkeit steht. Alle Fruchtbarkeitssymbole, die wir auch heute noch mit Ostern verbinden, spielen jetzt eine wichtige Rolle. Die Göttin wird begleitet von Symbolen wie Eiern und Hasen, beides Zeichen für neues, üppiges Leben. Das Ei erinnert auch an die alte Sage, nach der die Göttin die Welt in Form des Welteneis gebar. Das Ei als Keimzelle des Lebens ist aus der Ostaradekoration nicht wegzudenken. Die christliche Bedeutung des Osterfestes bedient sich der Symbole Ei und Hase kaum, hier geht es vielmehr um die Wiederauferstehung Jesu von Nazareth und die Unsterblichkeit der Seele, letztlich kein anderer Inhalt, nur eben stark begrenzt auf die Geschichte Jesu.

Moderne Hexen haben zu Ostara die große Reinigung abgeschlossen, die am 1. Februar mit dem Fest Imbolc begann. Sechs Wochen lang wurde alles aufgeräumt und gereinigt, was die Aussaat beeinträchtigen könnte. Nun steht ein großes Freudenfest an, alles Alte

ist verschwunden. Genieße das weiße, reine Feld, auf dem du zu Ostara stehst und das du in den nun folgenden Wochen ganz nach deinem freien Willen bestellen kannst, um am Ende zu ernten, was du dir wünschst und was dir dient. Zu Ostara geht alles los, was gut werden soll. Jetzt beginnt die Suche nach einem neuen Job, einem neuen Partner oder der Umbau im Haus.
Mach dir bewusst, was du bis zur Ernte im September aufbauen und erblühen lassen willst. Nimm zu diesem Zweck ein Hühnerei und schlage oben eine kleine Ecke auf. Schreibe deine Saat auf ein Stückchen Papier und stecke das Papier ins Ei. Verschließe das Ei mit dem Wachs einer weißen Kerze. Bring deine Aussaat in den Wald oder in den Garten und vergrabe sie. Dabei sprich: „Du sollst entstehen und ich will dich sehen, die Aussaat ist rein, die Ernte wird mein. So sei es! So sei es! So sei es!"
Es gibt ein wundervolles Gedicht von Hermann Löns, mit dem du dich zu Ostara befassen kannst:

Das Osterfeuer

Über die Haide ging ich, die Haide so weit und so breit,
Mürrische Worte raunte ins Ohr mir die Einsamkeit.
Raunte von toten Zeiten, da hier noch der Urstier zog,
Über dem Bruche der Adler himmelhoch kreisend flog;
Da der Grauhund, der grimme, Mordrunen ließ im Sand,
Da noch das Elch, das starke, fiel von des Jägers Hand.
Da noch nicht welsche Weise Gut in Böse verkehrt,
Wode und Frigga, die Hehren, standen hochgeehrt;
Da noch Mannesmut galt und nicht allein das Geld,
Da mit dem blanken Schwert wahrte sein Recht der Held;
Nicht mit feigem Worte, und nicht mit billigem Eid;
Also lehrte mich heimlich die Toteneinsamkeit.
Unsere Götter die hießen einstmals Liebe und Kraft,

Kraft, die Leben erzeugt, Liebe, die Wonnen schafft.
Unser Gesetz war kurz, unser Gesetz war das:
Liebe um Liebe, aber auch Haß um Haß.
Treuhand jedwedem Mann, der sich erwies als Freund,
Bluthand dagegen dem Wicht, so sich da nahte als Feind.
Andere Zeiten zogen über das Haideland,
Vor der tückischen Axt Wodes Lobewald schwand;
Frigga die freundliche Fraue wurde zur Hexe verkehrt,
Jeglicher heilige Ort zur Greuelstätte entehrt;
Wodes edles Geflügel hieß Galgenvogel nun,
Friggas schelmisches Eulchen schimpften sie Leichenhuhn;
Und die Dreizehn, die hohe Geheimniszahl,
Unglücks- und Angstnummer wurd sie mit einem Mal.
Zwischen Eichen erhob sich ein einsames Strohdachhaus,
Mährenhäupter reckte der moosige Giebel heraus;
Unter ihm aber nach freundlicher Altsitte noch
Eingeschnitten als Herz starrte das Ulenloch.
An dem Missetürbalken, dem grauen, nach alter Weis'
Eingehauen und bunt prangte der heilige Kreis,
Und die Sonnenrune, die gute, daneben auch,
Nach der Urvorväter ernsthaft beharrlichem Brauch.
Rechts und links von der schwarzblanken Feuerwand
Wodes Schlachtroß mutig sich bäumend stand;
Gleich als wollte es lauthals mir wiehern zu:
Noch trage Wode ich, Freund, noch trauest Frigga du.
Weiter ging ich über das dämmernde Land,
Hinter dem rund und rot das gute Gestirn verschwand;
Ihm gegenüber weit hinter dem bräunlichen Bruch
Eine glührote Flamme zum sternleeren Himmel schlug;
Vor dem nachtschwarzen Wald weiß stieg der Rauch empor,
Bis er im Abendgewölke sich langsam verlor.

Und ich stand und stand und sah nach dem Feuerschein,
Hörte der Mädchen Gejuche, der Jungkerle gellendes Schrei'n,
Und ich lachte und dachte: der Urväter fröhliche Art
Hat sich trotz alldem mein Volk immer noch treulich bewahrt.
Immerdar lobt es noch nach der Vorväter schönem Brauch
Seinen Gott mit Glühglut und weißem Wirbelrauch.
Immer noch blieb es, wie es vor Urzeiten war,
Blau von Auge und Sinn, hell von Herzen und Haar.
Immer noch hielt es sich am Leibe und Geiste stark,
Immer noch blieben gesund ihm Bein und Blut und Mark.
Über die Haide ging ich, die Haide so weit und breit,
Fröhliche Worte raunte ins Ohr mir die Einsamkeit.

Beltane

Beltane oder Beltaine ist uns auch als Walpurgisnacht bekannt und wird in der Nacht auf den 1. Mai gefeiert. Auch dieser Festbrauch ist bis heute erhalten. Das Wort Beltane bedeutet übersetzt „das leuchtende Feuer“. Üppigkeit, Licht, Überfluss und Fruchtbarkeit sind die Aspekte, unter denen Beltane stehen sollte. Winde deinen eigenen Maibaum. Da zu Beltane die Vereinigung zwischen männlicher und weiblicher Energie gefeiert wird, besorge dir einen Ast oder einen kleinen Baum als Symbol der Männlichkeit. Schmücke ihn mit Bändern für die Weiblichkeit und knote deine innigsten Wünsche in die Bänder. Dann umwinde den Baum mit den Bändern. So bekommst du deinen eigenen Maibaum, einen Wunschbaum. Diesen Wunschbaum kann die moderne Hexe auch sehr gut im Kreis ihrer Lieben als Gemeinschaftswerk anfertigen. Die folgenden Rituale eignen sich ebenfalls gut zu Beltane (aber auch zu Ostara), wenn du um Fruchtbarkeit bitten willst.

Fruchtbarkeit für den Geist

Wenn du dir neue Ideen wünscht, eine Ausbildung machen möchtest oder etwas anderes aussähen willst, was mit deinem Geist zusammenhängt, versuche das folgende Ritual:

Suche dir einen kleinen geraden Ast von etwa zwei Zentimeter Durchmesser. Diesen Ast spitzt du an einem Ende mit einem Messer an und stellst ihn aufrecht auf deinen Altar. Entzünde eine weiße Kerze und schreib den unten stehenden Zauberspruch auf ein Stück Papier. Nun sprich den Zauberspruch drei Mal. Spieße dann das Papier auf den Ast auf. Wiederhole dieses Ritual bis zum 2. August jeden Samstag.

„Mein Geist sei rein und klar,
meine Gedanken hell und wahr –
Im Kopf zu deinen Ehren
will Wissen und Weisheit ich mehren.
So sei es! So sei es! So sei es!"

Fruchtbarkeit für dein Liebesleben

Wenn du dir einen Partner wünschst, führe zu Ostara oder zu Beltane das folgende Ritual zur Mittagszeit durch. Dazu brauchst du eine weiße und eine grüne durchgefärbte Stabkerze, außerdem rote Rosenblätter und deine Räucherschale mit Räucherkohle. Stelle einen Kelch mit Wasser dazu. Reinige dich und deine Gegenstände und begib dich am besten an die frische Luft. Nun entzünde erst die weiße Kerze. Meditiere darüber, wie der Frühling dich in sein wunderschönes Kleid einhüllt. Atme Frühlingsluft und Lebendigkeit in deinen Körper ein und fühle deinem Atem bis in die Fuß- und Fingerspitzen nach. Nun entzünde die rote Kerze und stell dir dich und deinen Partner in einer liebevollen Umarmung vor. Dein Partner hat kein bestimmtes Gesicht, die Wahl musst du schon dem

Universum überlassen. Leg die Rosenblätter auf die Räucherkohle und sprich dabei:
„Feuer, Wasser, Erde und Luft – ich kann schon fühlen der Liebe Duft. Göttin, nimm ihn an die Hand und binde der Liebe fröhliches Band. Zeig ihm den Weg, auf dass er mich finde und sich im süßen Liebeseifer winde. Dann erst zeige mir sein Gesicht und lass mich erglühen, wenn er zu mir spricht. So sei es! So sei es! So sei es!"
Nun lösche die Kerzen und rasple den übrig gebliebenen Wachs klein und vermische ihn mit deinen restlichen Rosenblättern. Geh bis 17 Uhr spazieren und verteile dabei dein Wachs-Rosenblätter-Gemisch unauffällig an den Wegrändern.

❂ Litha

Litha ist quasi das Gegenfest zu Jul. Alles, was vorher für die Weiblichkeit galt, gilt nun für die männliche Energie. Litha wird am 21. Juni, dem Höchststand der Sonne, als ein feuriges Fest gefeiert. Symbolhaft gibt es Erdbeeren in allen Variationen zu essen, denn deren Form und Farbe erinnern an Flammen.
Jetzt hast du die Möglichkeit, ganz nah in den Kontakt zur Mutter Erde zu gelangen, denn nicht nur die Sonne ist feurig und heiß, auch die Erde. Tief im Innern der Erde glüht es, auch wenn die Erde uns gnädig warm hält. Aus dem Erdkern kann ein feuriger Drache aufsteigen. Wie oben, so unten: Der sichtbare Sonnengott oben hat seine Entsprechung in der verborgenen Feuerkraft unten in der Erde. So wird alles zu einer Einheit und deine Kraft verbindet sich mit der Quelle, mit der universellen Kraft. Wenn du Litha für dich selbst feierst, dann führe die folgende Meditation durch:
Nimm dir die Zeit für dein inneres Feuer, indem du es in der Meditation weckst. Verschaff dir eine ruhige Stunde und stell eine rote Kerze und eine Basilikumräucherung für dich bereit. Setze dich bequem hin. Beginne mit der Räucherung und atme tief in deinen

Bauch hinein. Stell dir vor, wie die Farbe der Sonne sich in deinem Bauch ausweitet. Wenn du magst, lege ruhig auch die Hände auf den Bauch. Lass die gelbe Farbe orange werden, aus der Mitte heraus. Wenn dir das gelingt, lass sie rot und schließlich zu einem Flammenspiel werden. Wenn du das lodernde Feuer in deinem Bauch fühlen kannst, lass dich ganz davon ausfüllen. Du merkst: Feuer zerstört nicht, Feuer wärmt und aktiviert. Versuche, die Flammen über deinen Kopf hinaus bis zum Himmel wachsen zu lassen und verbinde dich so mit der Sonne.
Es kann sein, dass diese Übung dir nicht beim ersten Mal gelingt, doch das macht nichts, versuche es einfach immer wieder.

Hexentipp

Zu Litha kannst du bereits die ersten Vorkehrungen für den Winter treffen, indem du den traditionellen echten Rumtopf aufsetzt. Beginne im Juni mit Erdbeeren und dann kommen Kirschen, Aprikosen, Beeren und was dir so im Laufe des Sommers an Früchten über den Weg läuft, hinzu. Gib immer eine Lage Früchte, die du gut gereinigt hast, in dein Gefäß und dazu die gleiche Menge Rohrzucker. Übergieße diese Zutaten überdeckend mit Rum (54 %). Mit der nächsten Lage verfährst du genauso. So sammelst du dir deinen Sommer in dem Gefäß. Zum Abschluss kommt noch einmal Rum darüber. Verschließe das Gefäß und lass den Rumtopf mindestens zwei Wochen ziehen. Zu Jul kannst du dann schon einmal einen kleinen Vorgeschmack auf die kommende warme Jahreszeit genießen, und zu Samhain symbolisiert dir diese Speise den Zusammenhang zwischen Sommerfrucht, die vergangen ist, und Eiseskälte, die auf dich zukommt.

❂ Lughnasad

Lughnasad ist auch als Lammas bekannt und wird am 1. August gefeiert. Es ist das erste Erntefest, geschmückt wird mit Früchten und Korn. Alles rund um den Apfel lässt sich zu Lughnasad essen und zubereiten. Lammas/Lughnasad war übrigens bei den Kelten die Brotmutter. Wenn das Brot zu Lughnasad gesichert war, wussten die Menschen, dass sie gut über den Winter kommen würden, und freuten sich an diesem Tag miteinander über ihren Erfolg. Deshalb essen wir Hexen an diesem ersten Erntefest auch gern Brot in allen Variationen. Es ist ein Fest der Freude und Dankbarkeit. Übe dich besonders in Dankbarkeit, indem du ein Ritual feierst. Heute bist du der Kelch, der vor Lebenswonne überströmt.

Für das Dankbarkeitsritual brauchst du ein ruhiges Plätzchen in der freien Natur, mindestens zwei Liter Wasser und einen Kelch. Außerdem benötigst du deine Schutzkerze und Zucker für die Süße deines Lebens. Zünde deine Schutzkerze an und stell den Kelch auf. Um den Kelch herum streust du ein Pentagramm aus Zucker. Setz dich vor deinen Kelch und atme ruhig und gleichmäßig. Beginne, alles zu nennen, was dir Grund zur Dankbarkeit bietet. Gieße bei jedem neuen Punkt, der dir einfällt, Wasser in den Kelch, so dass er überfließt vor Freude und Wonne. Lass ihn immer weiter überfließen und nenne weitere Gründe deiner Dankbarkeit. Das Wasser nährt jetzt die umliegende Erde. Beende das Ritual, wenn das Pentagramm aufgelöst oder das Wasser leer ist. Jetzt hebe deine Arme zum Himmel und empfange Licht und Energie, die in deinen Kopf strömen, in deinen Hals, in die Herzregion. Dort ist dein innerer Kelch. Wenn dein Kelch gefüllt ist, lass die Energie nach oben über die Schultern durch die Arme in die Hände fließen und gib sie jetzt an deine Umgebung ab. Wenn du dein Ritual beenden willst, lösche die Schutzkerze und geh deinen Weg weiter – als ein Kelch der Liebe und der Kraft.

Dankbarkeit

Dankend will ich leben
und dankbar sei mein Streben
nach Wohlstand, Glück und Heiterkeit,
nach gutem Essen, Zeit zu zweit,
nach Spielen und Geselligkeit.
Und weil ich reich gesegnet bin
Geb ich mit Freuden alles hin,
was mir geschenkt und überbracht,
weil es mir keinen Mangel macht,
es wächst mir nach, meist über Nacht.

❂ Mabon

Mabon ist die Herbsttagundnachtgleiche und ein Erntefest. Zu dieser Zeit schenkt uns die Natur Beeren, und schon deren Farben kündigen die kommende weibliche Zeit an. Das Mabonfest feierst du ähnlich wie Lughnasad, auch hier spielen Dankbarkeit und Üppigkeit eine sehr große Rolle. Mabon und Lughnasad vermitteln uns, dass Dankbarkeit mit Freude verbunden ist, nicht mit gesenktem Haupt und Untergebenheit. Dankbarkeit wird nicht gemurmelt, Dankbarkeit wird gesungen. Deine Dankbarkeit kann ab Mabon sehr schön in das Herstellen von Julgeschenken für deine Hexenfreunde einfließen. Die vielen Beeren bieten sich geradezu an, um mit der Herstellung von Likören, Seifen und Ölen zu beginnen. Rezepte dafür findest du im Kapitel „Hexenküche“.

Die Hexe und ihr Nest

Die leidige Hausarbeit macht Männern und Frauen auch heute noch zu schaffen. Trotz modernster Mittel hat niemand wirklich Lust auf Tätigkeiten wie Fenster putzen oder Geschirr spülen. Doch Hausarbeit ist Nestpflege und daher immer auch als Zeit für unser eigenes Wohlergehen zu betrachten. Wer sein Nest liebt, wird es nicht vergammeln lassen. Außerdem ist die Hausarbeit notwendig, um sich selbst ein Gefühl von Sicherheit und Geborgenheit zu geben. Die Hexe ist sich selbst gegenüber wertschätzend und wird sich daher in ihrem eigenen Heim stets so behandeln, wie sie einen lieben Gast behandelt. Statt vor dem Besuch zu putzen und zu reinigen, damit niemand schlecht von ihr denken kann, reinigt sie lieber danach, für sich selbst, damit sie es schön sauber und rein hat. Die weiße Hexe versorgt sich selbst – auch mit Ordnung und Behaglichkeit. Sie übergibt die Verantwortung für ihr Nest nicht anderen. Deshalb sind auch die männlichen weißen Hexen nicht abgeneigt, ihren Haushalt allein zu erledigen, selbst wenn sie ihren Haushalt mit einer Partnerin teilen.

Hausarbeit mit magischen Tricks

Hast du schon einmal versucht, deine Hausarbeit nach dem Takt des Mondes zu erledigen? Es gibt viele sogenannte Mondkalender, die dir sagen, wann du deine Pflanzen düngen und deine Haare waschen sollst, aber das ist hier nicht gemeint. Es ist viel simpler, denn es reicht vollkommen aus, wenn du deine Hausarbeit in zwei Bereiche einteilst. Richte dir deine Arbeit danach ein, wie der Mond gerade steht: Bei abnehmendem Mond erledigst du Dinge, die mit Loslassen zu tun haben. Alles an Schmutz, Gerümpel, Überflüssigem erledigst du in dieser Phase. Bei zunehmendem Mond dagegen kümmerst du dich um das Herstellen einer neuen Ordnung, um Dekorationen, Flickwäsche und so weiter. Wenn du das einmal als Gewohnheit angenommen hast, wächst dir die Arbeit nicht mehr so schnell über den Kopf. Du wirst je nach Mondphase deine Aufgaben erledigen und die anderen einfach liegen lassen, denn deren Zeit kommt bestimmt. Es mag sich seltsam lesen, doch wer bei abnehmendem Mond wäscht und bei zunehmendem die Wäsche bügelt und schrankfertig macht, sammelt nicht wochenlang Bügelberge an. Ruhe und Gelassenheit stellen sich ein, der Druck verschwindet wie von selbst von deinen Schultern. Dieser Effekt wiederum führt dazu, dass du als ruhiger und ausgeglichener Mensch an deine Arbeiten herangehst und weniger Zeit mit Missmut und Ärger verbringst. Ein Blick zum Mond und du weißt, was zu tun ist. Manche behaupten auch, dass die Arbeiten, die ein Mensch im Rhythmus des Mondes erledigt, leichter von der Hand gehen. Ich habe die Erfahrung gemacht, dass ich zumindest ruhiger bin, wenn ich einen Rhythmus habe, auf den ich mich verlassen kann. Und es ist ein entspannendes Gefühl, bestimmte Aufgaben auch mal für eine Weile außer Acht zu lassen, weil der

Mond einfach nicht in der passenden Phase dafür steht. Du wirst staunen, wie sich der Druck in deinem Kopf mindert, wenn du es einmal versuchst. Schließlich sollst du dich als weiße Hexe auf den Augenblick konzentrieren. Immer mit den Gedanken bei den ungeputzten Fenstern zu sein, ist ganz und gar nicht magisch. Putze sie oder streich sie aus deinem Gedanken!

Eine sehr schöne Nebenwirkung dieser Mondordnung entsteht auch für deine Familie, deine Kinder und deine Freunde, denn statt ständig keine Zeit zu haben, hast du für den Aufbau und die Stärkung sozialer Bindungen mindestens zwei von vier Wochen Zeit. Sollte es also einmal vorkommen, dass dich das Aufräumen volle zwei Wochen von Telefonaten mit deiner besten Freundin abgehalten hat, hast du doch wieder zwei Wochen Zeit, in denen du dich ihr vollkommen zuwenden kannst. Kommt das Spielen mit den Kindern in der Putzphase ein wenig kurz, kannst du bei zunehmendem Mond die aufgebrauchten Reserven deiner Kinder wieder auffüllen. Das bedeutet nicht, dass du zwei Wochen alle menschlichen Kontakte und Bindungen vergessen sollst, sondern dass du sie zwei Wochen lang intensivieren kannst. Auch hier gilt wieder: Das oberste Gesetz der Hexen ist die Liebe zum Leben. Ich selbst bin das Kind einer sehr engagierten und gründlichen Hausfrau. Sie war stets anwesend. Doch ich hatte oft das Gefühl, sie hätte vor lauter täglicher Hausarbeit nie Zeit für mich gehabt. Sie hat für mich geputzt und gewaschen und gebügelt. Ich bin überzeugt, dass ein Kind mehr braucht als gebügelte Hosen. Versorgung bedeutet, Körper, Geist und Seele die notwendige Nahrung zuführen. Das kannst du während der Hausarbeit durchaus tun, wenn du klug und umsichtig, achtsam und bewusst mit den Tätigkeiten umgehst und dich nicht selbst zu einem Haushaltsgerät degradierst. Schließlich ist es deine freie Entscheidung, in einem kultivierten Haushalt zu leben. Es ist nicht verboten, mit der Familie in einer zu kleinen Wohnung ohne überflüssigen Luxus zu leben. Wer keinen Nippes hat, braucht keinen zu putzen. Wer keine Kuscheltiere anschafft, muss sie nicht waschen, und wer kein Silber besitzt, muss keins polieren. Sei klug, habe nur, was du brauchst, und was du brauchst, das wirst du mit Liebe und Bedacht pflegen.

Hexentipp

Gute Laune beim Putzen. Für die Bodenpflege empfehle ich dir, ein paar Tropfen ätherisches Öl ins Wischwasser zu geben (zehn Tropfen auf zehn Liter Wasser). So hast du einen angenehmen Duft im Haus, ohne dich extra darum bemühen zu müssen. Hier haben sich Salbei, Orange oder Limette bewährt. Die ätherischen Öle sorgen auch während der Arbeit bei dir selbst schon für eine gute Stimmung. Dann brauchst du auch keine teuren Putzmittel mit chemischen Duftstoffen zu kaufen. Sie belasten nur deine Umgebung und deinen Geldbeutel. Und deine Familie und deine Gäste werden sich an dem frischen Duft erfreuen.

Energetische Reinigung

Gewöhne dir an, beim Reinigen eines Raumes auch eine energetische Reinigung durchzuführen. Schlechte Schwingungen oder den Nachklang vom letzten Streit kannst du nämlich nicht einfach mit einem Lappen wegwischen. Räuchere Salbei und Kampfer, indem du die getrockneten Pflanzenteile in einer feuerfesten Form auf Räucherkohle gibst und damit jede Ecke des Raumes ausräucherst. Nimm dir Zeit dafür und stelle die Schale anschließend in die Mitte des Raumes, bis die Räucherkohle ausgeglüht ist. Danach lüftest du gründlich. Ich empfehle diese Räucherung immer im Anschluss an das klassische Putzen, denn dann hast du am Ende einen strahlenden Raum, sauber und mit frischer Luft. Du kannst die energetische Reinigung aber auch vorziehen, indem du am Abend vor der großen Putzaktion in jede Ecke des Raumes ein Viertel einer Zwiebel legst. Am nächsten Morgen zerhackst du die Zwiebelteile, die über Nacht die negativen Energien aufgenommen haben, und vergräbst die Zwiebel im Garten. Mutter Erde wird die Energien wieder neutralisieren. Hänge in jeden Raum einen frischen Salbeizweig unter die Decke oder stelle ihn in eine Vase. Der Zweig schützt dich und deine Lieben vor schlechten Einflüssen. Erledige deinen Haushalt immer in dem Bewusstsein: „Wie innen so außen.“ Du wirst schwerlich einen reinen Geist und eine freie Seele haben können, wenn du im Unrat verkommst. Reinigende, natürliche Mittel sind Zitronensäure und Essig. Mit Essig kannst du sogar Mücken abhalten. Ein guter Schuss Essig ins Putzwasser für die Fenster wirkt also auf mehrfache Art. Hierzu findest du später noch einige Tipps und Tricks. Wenn du im Haushalt viel mit Wasser gearbeitet hast, solltest du danach etwas für deine Hände tun. Hierfür kannst du nach dem folgenden Rezept im Juni Johanniskrautöl herstellen und es dann das ganze Jahr über zur Hautpflege nutzen.

Hexentipp

Johanniskrautöl. Du benötigst hierfür 1 Liter Distelöl und drei Hand voll Johanniskrautblüten, gut gewaschen und abgetrocknet. Die Johanniskrautblüten und das Distelöl in einer dunklen Flasche am ersten Neumond nach dem 21. Juni in einer dunklen Glasflasche ansetzen und am folgenden Vollmond abseihen. Das Öl dient dir übers Jahr als preisgünstige und sehr wirkungsvolle Handpflege und lässt sich auch bei kleinen Verletzungen und Schürfwunden anwenden.

Mach dir die folgende kurze Handmeditation zur Gewohnheit, wenn du deine Hände einölst: Jeden Schritt führst du zuerst mit der linken, dann mit der rechten Hand aus. Während der Bewegungen sprichst du die dazugehörige Affirmation mindestens dreimal halblaut.

1. *Handoberseite einstreichen.*
   Affirmation: „Ich bin mit Tatkraft gesegnet."
2. *Finger ausstreichen, so als wolltest du deine Finger verlängern, vom kleinen Finger bis zum Daumen.*
   Affirmation: „Mein Handeln ist frei."
3. *Fingerflächen auf der Innenseite nach außen ausstreichen.*
   Affirmation: „Mein Handeln zeigt Wirkung."
4. *Handinnenflächen kreisend einstreichen.*
   Affirmation: „Liebevoll gestalte ich mein Leben mit meiner Hand."

Diese aktive Meditation nimmt nur wenige Minuten in Anspruch und gibt dir schon vor deiner Arbeit ein Gefühl von Kraft und Gelingen.

Clemens Brentano sagte einst: „Gib der Alltäglichkeit ihr Recht, und sie wird dir mit ihren Anforderungen nicht zur Last fallen." Dieser Brentano muss ein sehr kluger Mann gewesen sein: Nur wenn wir unsere täglichen Arbeiten annehmen können, gehen sie uns leicht von der Hand. Gerade bei der Hausarbeit hilft die Hexenregel zur Konzentration. Unliebsame Arbeiten gehen dir einfach besser von der Hand, wenn du sie konzentriert durchführst. Magische Tricks bei der Hausarbeit sind leider nicht viele überliefert. Der beste Trick, den ich kenne, ist das Loslassen. Nun magst du lachen, doch ich meine es ernst und praktiziere es auch. Bei abnehmendem Mond haben wir die Möglichkeit, aus dem Haus zu schaffen, was wir nicht mehr brauchen. Und das ist eine ganze Menge. Heb nicht alles auf, um es vielleicht eventuell und gegebenenfalls später noch gebrauchen zu können. Jeder Gegenstand in meinem Haushalt muss auch von mir gepflegt, geordnet und gereinigt werden. Also sorge ich dafür, dass möglichst wenig in meinem Haus ist, was ich nicht wirklich brauche. Kleidung, die zu klein geworden ist oder mir einfach nicht mehr gefällt, kann anderen Menschen Freude machen, Geschirr brauche ich nur so viel, wie ich normalerweise Gäste bewirten möchte. Aber ich weigere mich, regelmäßig ungebrauchte Gläser zu polieren oder ungenutztes Besteck zu reinigen. Und verschmutzte, verschmierte und zugestaubte Gegenstände möchte ich mir auch nicht anschauen müssen. Es gibt aber noch ein paar weitere Erleichterungen für die Arbeit in Haus und Garten. Zwar gehören sie nicht in den Bereich der geheimnisvollen Magie, doch wussten unsere Vorfahren meist sehr gut, wie man kleine Problemchen des Alltags lösen konnte. Ich habe bei den Tipps besonders darauf geachtet, dass das Putzen nicht viel Geld kostet und die Umwelt nicht unnötig belastet wird. Wenn wir die Arbeit, die wir verrichten, ablehnen, schädigen wir uns durch die ablehnenden und abwehrenden Gedanken. Wir verkrampfen uns und erreichen damit nur, dass uns die Arbeit beherrscht, statt selbst die Macht über uns zu haben. Der Schutz ihrer selbst und der Umgebung ist das oberste Gebot der weißen Hexe und dieses Gebot lässt sich bei der Hausarbeit sehr gut umsetzen. Mit dem Bewusstsein, Gutes zu tun, macht Hausarbeit sogar Freude und kann, wie du ja bereits weißt, hervorragend zur aktiven Meditation genutzt werden.

Fenster putzen

Essig auf einem Tuch reinigt Fenster schnell und gründlich. Der Geruch geht weg, wenn du danach ein paar Minuten lüftest. Gleichzeitig hat der Essig die Eigenschaft, Insekten fernzuhalten. Milchglasfenster solltest du immer nur mit heißem Wasser, in das du einen Schuss Essig gibst, abreiben. Ich habe besonders gute Erfahrungen mit dem Zwiebeltrick gemacht: Hierfür wird eine Zwiebel durchgeschnitten und das Fenster wird mit der Schnittkante abgerieben. Es ist kaum zu glauben, aber das Fenster wird sauber und sogar streifenfrei. Außerdem hält der Zwiebelgeruch Insekten fern. Allerdings erfordert es einige Übung, bis man den richtigen Druck und die richtige Geschwindigkeit gefunden hat.

Flächen reinigen

Fett löst Schmutz. Diese Binsenweisheit ist leider in Vergessenheit geraten. Wer helle Schränke hat, kennt das Problem: Scharfe Reiniger beschädigen die Oberfläche, und sie schaden der Natur. Glatte, helle Flächen sollten mit Öl eingerieben werden. Nach einer Einwirkzeit von etwa einer Stunde kannst du mit einer Spülmittellösung den Schmutz und das Öl zugleich abwaschen. Das funktioniert auch auf der Dunstabzugshaube und den Küchenfliesen. Fliesen lassen sich auch sehr gut mit Essig reinigen. Das ergibt einen unglaublichen Spiegelglanz auf den Fliesen.

Flecken

Wenn du einen Fleck aus empfindlicher Kleidung heraushexen willst, dann nimm das übrig gebliebene Kochwasser vom Kartoffelkochen und versuche es damit. Trockne die Stelle danach mit einem Fön, denn oft ist zwar der Fleck verschwunden, aber die hässlichen Ränder machen alles schlimmer als vorher.

Gardinen weißen

Wenn du gern schneeweiße Gardinen hast oder in deinem Haus geraucht wird, dann gib die feuchten Gardinen nach dem Waschen noch eine Spülung aus klarem Wasser und drei Tütchen Backpulver. Nicht mehr ausspülen, denn diese Spülung verhindert auch eine vorschnelle neue Verschmutzung der Gardinen.

Exkurs: Wundermittel Zwiebel

Zwiebeln wirken durch ihre ätherischen Öle nicht nur wohltuend bei Erkältungskrankheiten, sie sind auch als Haushaltsmittel wahre Wunderhelfer. Sie sind nicht nur, wie schon erwähnt, beim Fensterputzen hilfreich, sondern halten als Hälften auf Schränke gelegt auch Ungeziefer fern – allerdings muss man den Geruch mögen. Auch die Zwiebelschalen muss niemand wegwerfen. Einfach die Schalen von drei Zwiebeln in 500 ml Wasser kochen; der abgekühlte Sud wirkt hervorragend als Spritzmittel gegen Spinnmilben bei Zimmerpflanzen. Zwiebelsaft hingegen hilft gegen Brandflecken auf der Wäsche und auch auf Holz. Dazu muss der frische Zwiebelsaft auf Holz etwa zwölf Stunden einwirken, auf Textilien allerdings nur 30 Minuten. Rostflecken auf Textilien verschwinden durch frischen Zwiebelsaft nach zwölf Stunden Einwirkzeit. Auch Goldschmuck wird wieder glänzend, wenn man ihn mit einem Zwiebelstück reinigt und danach poliert. Außerdem sind drei Zwiebeln, in Würfel geschnitten und mit Zucker überstreut, ein tolles Hustenmittel, wenn du es über Nacht ziehen lässt.

Holzpflege

Holzmöbel sind eine wahre Zier und strahlen vor allem Lebendigkeit aus. Sie sind Teile der Bäume und uns weißen Hexen daher besonders kostbar. Wasserränder kannst du mit Bienenwachs entfernen. Trage es auf, föhne das Wachs, bis es flüssig ist und reibe es ein. Abschließend poliere es nach ein paar Stunden mit einem weichen Baumwolltuch. Ebenso kannst du auch mit Hitzeflecken auf Holzmöbeln verfahren.
Kerzenwachsreste auf Möbeln, zum Beispiel vom letzten Hexenfest, werden angefönt und dann wird das flüssige Wachs aufgenommen. Abschließend muss die Stelle noch mit Essigwasser poliert werden. Wenn du deine Holzmöbel zu neuem Glanz bringen möchtest, brauchst du keine chemiehaltige, teure Politur zu kaufen. Bereite einfach einen schwarzen Tee zu und nutze ihn statt Möbelpolitur. Die Möbel werden wieder in neuem Glanz erstrahlen. Kleine Kratzer verschwinden, wenn du einen halbierten Haselnusskern über den Kratzer reibst.

Wasser- und Energiespartipps im Hexenhaus

In die Küchenspüle einer weißen Hexe gehört grundsätzlich eine Schüssel. Das Wasser vom Hände abspülen, Lappen auswaschen und allem, was nebenher mit fließendem Wasser erledigt wird, wird in dieser Schüssel gesammelt. Auch wenn du deine Ritualgegenstände oder Steine unter fließendem Wasser reinigst, fängst du das Wasser in dieser Schüssel auf. Du kannst es für den Garten oder später als heißes Putzwasser von stark verschmutzten Gegenständen, Böden oder Treppen benutzen.
Achte beim Wasserkocher darauf, dass du nicht ständig zu viel Wasser kochst und zu viel übrig bleibt. Das Wasser immer neu zu erhitzen, kostet viel Strom, der nicht einfach nur aus der Steckdose kommt. Heize dein Haus im Winter nicht zu sehr auf, denn das ist

nicht gesund und den Winter darf ein Lebewesen ruhig fühlen. Strickjacke und Wollsocken sind durchaus annehmbare Kleidungsstücke in der kalten Jahreszeit. Ich war geschockt, als ich im letzten Winter ein neues Kleid kaufen wollte und die überwiegende Mehrheit aller angebotenen Kleider kurze Ärmel hatte, wenn überhaupt. Das Staubsaugen kann man sich oft sparen, wenn man einen modernen Besen mit Gummiborsten verwendet, denn so ein Besen reinigt sogar Teppichböden.

Wasser aus dem Hahn muss oft gar nicht heiß sein. Hände und Gemüse kann man auch mit kaltem Wasser waschen. Ich ziehe grundsätzlich Geschäfte, die mit „grünem Strom" arbeiten, denen vor, die sich nicht um die Umwelt kümmern. Mit ein wenig Recherche bekomme ich die Einstellung, die ein Unternehmen zum Thema Umwelt hat, heraus. Und wenn ich nichts darüber in Erfahrung bringen kann, ist das meist ein schlechtes Zeihen. Es gibt einen Lebensmitteldiscounter, der das Label für grünen Strom direkt an seiner Eingangstür befestigt hat. Achte mal darauf! Und wer Nacht um Nacht große Leuchtreklamen erstrahlen lässt, die keiner sieht, verschwendet Energie und schadet zudem Lebewesen, die sich am Licht orientieren, wie Fledermäuse, Vögel etc. Wer so unsinnig und profitorientiert in die Natur eingreift, wird mich sicher nicht als Kundin begrüßen können, wenn ich eine Alternative habe. Vieles lässt sich auch über das Internet regeln, was im realen Leben Benzin, Papier und Zeit kosten würde. Als moderne Hexe weiß ich das Internet durchaus als Energiesparmaßnahme zu schätzen.

Unerwünschte Bewohner im Hexenhaus

Moderne Hexen werden selten ein desinfiziertes Haus bewohnen. Grundsätzlich lieben wir die Lebendigkeit, doch Fliegen und Asseln sind auch bei uns nicht unbedingt willkommene Gäste. Einige natürliche Mittel halten solche Plagegeister fern, ohne dass wir zur chemischen Keule greifen müssen. Fliegen und Mücken werden durch Essig in Schälchen auf den Schränken ferngehalten, ebenso wirkt Lavendel gegen Mücken. Ein Lavendelkissen an einem Bettpfosten hält Mücken garantiert fern. Lorbeeröl enthält ebenfalls einen Duftstoff, der Fliegen fernhält. Lorbeeröl in der Wandfarbe soll die Fliegen grundsätzlich von den Wänden fernhalten und wir Menschen nehmen den Duft gar nicht wahr. Deine Fensterbänke kannst du ebenfalls so dekorieren, dass Fliegen sich gar nicht erst eingeladen fühlen: Ein Korb mit Brennnesseln und Basilikum schlägt die kleinen Gäste in die Flucht.

Neben den normalen Stubenfliegen haben wir oft Ärger mit den kleinen Fruchtfliegen. Sie lassen sich im Sommer kaum vermeiden, doch mit ein wenig Einsatz kannst du den Fruchtfliegen eine Falle bauen. Die kleinen Gesellen stehen besonders auf Saures, daher füllst du in eine kleine Schale eine Mischung aus 10 ml Essig, 30 ml Apfelsaft und 20 ml Wasser. Gib noch einen Tropfen Spülmittel dazu. Die Fruchtfliegen werden sich von deinem Obstkorb fernhalten, wenn diese selbstgemachte Fruchtfliegenfalle in der Nähe steht.

Dann gibt es noch Asseln und Silberfische, die wir auch nicht unbedingt als Mitbewohner brauchen. Kellerasseln überqueren keine Schwellen aus Backpulver, allerdings wirkt das Pulver nur für etwa zehn Tage und muss dann erneuert werden.

Willst du die Asseln zu deinem Komposthaufen locken, nimm dafür eine halbierte, rohe und am besten leicht angefaulte Kartoffel in einer flachen Schale. Dort sammeln sich die Asseln und du kannst sie zu ihrem eigentlichen Arbeitsort bringen. Wenn du nach dem Wischen im Bad Lavendel an die Wandkanten unten streichst, vertreibst du damit Silberfische. Aber wir Hexen haben ja nicht nur im Haus zu tun, oft gehört ein Garten ebenso zum Hexenhaushalt.

Auch dort können wir das Werk der weißen Magie fortsetzen. So erübrigen sich teure Schädlingsbekämpfungsmittel, wenn wir mit Jauchen arbeiten. Eine klassische Jauche wird aus 1 Kilogramm frischem Kraut und 10 Litern Wasser hergestellt.
Die Gärungszeit beträgt 14 Tage, wobei die Jauche täglich mehrfach umgerührt werden muss. Du kannst das frische Kraut auch durch getrocknetes ersetzen, dann benötigst du etwa 150 g auf 10 Liter Wasser.
Gegen Pilzkrankheiten und Milben an deinen Pflanzen hilft eine Jauche aus Ackerschachtelhalm, allerdings in der fünffachen Verdünnung. Blattläusen und Spinnmilben rückst du am besten mit Brennnesseljauche zu Leibe.

Exkurs: Kräutergarten

Immer wieder werde ich gefragt, welche Kräuter die Hexe unbedingt selbst anbauen muss. Dazu gibt es unterschiedliche Meinungen, doch ich empfehle dir auf jeden Fall Basilikum für die Küche, als Räucherung und als dekorativen Fliegenschutz. Dazu solltest du Salbei und Melisse ziehen, beide eignen sich für alles – vom Aufguss über den Badezusatz bis hin zu leckeren Kräutergerichten. Minze, Rosmarin und Thymian sind wahre Hexenkräuter. Liebstöckel für die Suppe, Estragon und Oregano sind ebenfalls dankbar in der Pflege und aus der Hexenküche nicht wegzudenken. Ernte von deinen Kräutern nur, wenn sie einen guten, starken Eindruck machen. So kannst du auch den ganzen Sommer lang Kräuter trocknen und dir einen eigenen Vorrat anlegen, aus dem du auch wunderschöne Julgeschenke machen kannst: Teefilter, gefüllt mit getrockneter

Melisse und Orangenschalen und oben zugenäht, sind ein toller Badezusatz zur Entspannung im November. Eine hübsche Kiste mit einigen dieser Kräutertütchen machen jedem Menschen Freude. Du kannst die Teefilter auch mit Minze füllen oder mit einer Mischung aus Salbei und Rosenblättern. So kannst du deinen Freunden für den kalten Winter Entspannung, Wohlergehen und Erfrischung schenken.

Hexentipp

Was macht die Hexe eigentlich mit ihrem gesparten Geld? Schließlich kommt ein hübsches Sümmchen zusammen, wenn man natürlich lebt und viele Hilfsmittel selbst zubereitet. Es gibt verschiedene Möglichkeiten, mit dem ersparten Geld umzugehen. Mach dir bewusst, dass es sich um einen Rohstoff, eine Energie handelt, die dir ab jetzt zur Verfügung steht. Das bedeutet, du hast einen Gewinn. Diesen Gewinn halte dir erst einmal vor Augen, mach ihn dir bewusst, damit du überhaupt damit umgehen kannst. Manche weißen Hexen verringern ihre berufliche Arbeitszeit, wenn sie einen Gewinn erwirtschaften. Sie setzen das gesparte Geld in freie Zeit um. Das kann aber nicht jeder. Wer eine fest vorgeschriebene Arbeitszeit hat, kann nicht einfach sagen, er will jetzt einen Tag pro Monat frei haben. Nimm deinen Gewinn, lege ihn in eine Dose oder eine Schachtel und bestimme, welchen Genuss du dir damit gönnen willst. „Tu, was du willst, und schade keinem“: Die erste Hexenregel kann hier angewandt werden. Vielleicht kannst du jetzt endlich mit deinem Wunsch-Hobby anfangen, oder du kannst dir etwas gönnen, was du bisher nicht finanzieren konntest. Auf jeden Fall solltest du dich für deine

Bemühungen belohnen, sonst lohnt sich nämlich das ganze Bewusstsein nicht. Schau dir also zuerst an, was du geschafft hast, und nimm es dann zum Anlass, dir selbst auch eine Motivation für das Weitermachen zu geben. Wenn du drei Monate lang bewusster mit der Hausarbeit umgehst und keinen Effekt spürst, wirst du schnell in deine alten Gewohnheiten zurückfallen. Du sollst erkennen, dass du dir mit der magischen Lebensführung Gutes tust, sonst macht sie keinen Sinn. Schließlich gilt, dass du zu deinem Wohl auf dem Hexenweg bist und aus keinem anderen Grund.

Hexenküche

Elemente

Ja, wenn der Kessel tanzt und schwingt,
wenn Wind in deinen Haaren singt,
dann ist es Zeit fürs Hexenwerk.

Des Feuers Flammen tanzen heiter,
der Fluss trägt deine Sehnsucht weiter.
du fühlst dich eins mit deinem Werk.

Die Erde trägt und hält dich sicher
und niemals warst du inniglicher.
Dein Herz schlägt froh zum Hexenwerk.

Die Kräfte rufst du zu dir nieder
und hörst der Elemente Lieder.
Es ist vollbracht, dein Hexenwerk.

Die meisten Menschen gehen davon aus, dass eine Hexe so einige spannende Rezepte auf Lager hat, die magisch wirken. Früher wurden Hexen diskriminiert und verleumdet, weil sie angeblich schädliche Zutaten benutzten, doch weder Krötenschleim noch Schlangenhaut sind Zutaten aus der Hexenküche. Oft wurden auch die Namen für die Kräuter einfach falsch verstanden und das blutrote Johanniskrautöl wurde von bösen Zungen in Unkenntnis auch schon mal für Kinderblut gehalten, weil es gerade bei Wöchnerinnen und Hebammen zu finden war, denn es verhindert wunde Brustwarzen bei stillenden Müttern und wirkte so der gefürchteten Brustentzündung entgegen. Doch Vorurteile und dummes Geschwätz gibt es, seit es Menschen gibt. Die Hexenküche ist nicht nur sehr schmackhaft, sie ist auch sinnvoll und gesund. Besonders Kräuter spielen dabei eine große Rolle. Zum einen benötigt man weniger Salz, wenn man mit Kräutern kocht. Eine Gemüsebrühe, der frischer Liebstöckel zugefügt wird, ist viel geschmackvoller als eine Brühe mit zu viel Salz. Außerdem haben Kräuter die unterschiedlichsten Wirkungen auf die menschliche Psyche und den menschlichen Körper. In der Erkältungszeit spielen Salbei und Thymian eine große Rolle in der Hexenküche und wenn Festtage anstehen, kocht die Hexe Speisen mit Kräutern, die die Verdauung fördern. So ist die Hexenküche nicht nur nahrhaft, sondern auch klug. Sie besteht aus Speisen und Getränken, die den Organismus in Harmonie halten, statt ihn zu stören oder belasten.

Was findet sich in der Küche einer Hexe? Zuerst einmal Roggen. Roggen ist ein Kohlehydrat, das vom Körper langsam abgebaut wird, also lange satt macht. Weizen war für unsere Vorfahren eine seltene Kostbarkeit, und wir sollten es ebenso halten. Roggen gibt es als Brot, als Korn und auch in Flockenform zu kaufen. Du kannst auf Weizennudeln und Reis verzichten, wenn du dir angewöhnst,

Roggen zu nehmen. Es erfordert nur eine kurze Zeit der Umstellung deiner Kochgewohnheiten, aber dann wirst du damit belohnt, dass du dich gesünder fühlst. Auch auf Zucker darf die Hexe weitgehend verzichten. Wenn Speisen gesüßt werden, dann bitte mit einem deiner selbstgemachten Sirups, denn dann hast du gleichzeitig noch eine positive Wirkung der zugefügten Kräuter. Das Essen wird dadurch schmackhafter und unsere Sinne werden angeregt, wenn die Küche abwechslungsreicher schmeckt. Moderne Menschen können mit verbundenen Augen schon gar nicht mehr Kohlrabi von Gurke unterscheiden. Diese Abstumpfung ist gefährlich, und eine Hexe will wach sein und ihre Sinne lebendig halten, um ihr Hexenwerk möglichst genau durchführen zu können. Einfach nur süß oder sauer sind nicht unbedingt attraktive Geschmackswahrnehmungen. Fett darf ebenfalls ersetzt werden. Hierfür brauchst du keine teuren Diätprodukte zu kaufen. Mach es doch einfach wie unsere Vorfahren: Backe deinen Kuchen einmal mit einem Mus aus Trockenpflaumen, statt mit Butter oder Margarine. Biskuit ist ohne Fett gebacken, also nutze Rezepte, die schon von den Zutaten her vernünftig sind. Bedenke: Fett gilt als Geschmacksträger. Da unser Essen aber kaum noch Geschmacksstoffe aufweist, brauchen wir natürlich immer mehr Fett, damit wir überhaupt merken, dass wir essen.

Das Kochen mit Wildkräutern ist nicht für jeden Routine. Hier darf die moderne Hexe also wieder etwas Neues lernen, und die Möglichkeiten sind nahezu unzählig.

In Zeiten von Gen-Tomaten und Schnellzüchtungen bieten die Märkte häufig das Gemüse mehr fürs Auge denn für die Ernährung an. Viele Menschen sind sich nicht mehr sicher, ob sie über den Einkauf an der Gemüsetheke wirklich ausreichend mit Vitaminen und Mineralien sowie weiteren Nährstoffen versorgt werden. Wir brauchen Vitamine und zwar dringend. Auch Mineralien und viele andere Spurenelemente sind nötig, damit unser Körper nicht an Mangelerscheinungen leidet. Zum Körper gehört schließlich ebenso das Gehirn und die Ernährung wirkt sich nachweislich auch auf unsere Denkfähigkeit und unser Konzentrationsvermögen aus. Da man nun den Wildpflanzen nachsagt, mehr Vitamine zu enthalten als die meisten Kulturpflanzen, können wir unseren Vitaminbedarf mithilfe der Kräuterküche decken.

Beim Kochen mit Kräutern ist allerdings zu beachten, dass man sehr abwechslungsreich variieren sollte, denn auch Kräuter haben Wirkungen. Nur immer Taubnesseln und Giersch zu verwenden, lässt die Küche nicht abwechslungsreicher werden als ständige Eintöpfe aus der Dose. Ein sehr großer Vorteil des Kochens mit Wildkräutern ist, dass man sich mehr in der freien Natur bewegt und sich grundsätzlich auf den Spaziergängen, bei denen man Kräuter sammelt, Entspannung und Erholung gönnen kann. So bekommt auch das Familienleben wieder einen neuen Impuls, denn solche Spaziergänge mit den Kindern sind gleichzeitig die Chance, dem Nachwuchs die Natur zu erklären. Wenn Kinder beim Kräutersammeln dabei sind, helfen sie danach auch gerne beim Kochen und werden so mit viel Liebe an die Hausarbeit herangeführt. Kräuterquark mit selbstgesammelten Kräutern hat eine ganz andere seelische, geistige und körperliche Qualität als ein schneller Burger am Imbiss, bezahlt mit Papas Geldkarte. Achte aber darauf, deine Kräuter nicht unbedingt direkt am Straßenrand zu sammeln. Besser gönnst du dir und deinen Lieben eine Fahrradtour mit anschließender Kräuterernte. So erreichst du einen doppelten Effekt für die Gesundheit – leichter kannst du gar nicht auf Sport und Ernährung gleichzeitig achten. Es gibt viele Überlieferungen zu den Kräutern, einige sind kurios und andere sehr modern: *Lavendel* war schon früh ein beliebtes Kraut. Hildegard von Bingen

empfahl „Lavendelwein" gegen Lungenbeschwerden: *"Wer Lavendel mit Wein oder, wenn er keinen Wein hat, mit Honig und Wasser kocht und oft lauwarm trinkt, der mildert den Schmerz in der Leber und in der Lunge und die Dämpfigkeit seiner Brust."*
Früher hieß es, wenn man einen Brief mit Lavendelblüten einreibt, gingen alle Wünsche, die darin geschrieben sind, in Erfüllung. Diese Überzeugung ist sehr wahrscheinlich darauf zurückzuführen, dass Lavendel das Merkurkraut ist, und Merkur sicher lieber die Wünsche zum Himmel trägt, die nach Lavendel duften. Parfümierte man seine Wäsche mit Lavendel, sollten widerborstige Männer gefügig werden. Hier liegt der Grund sicherlich darin, dass Lavendel auf Männer sexuell anregend wirkt.

In einem alten Gedicht von Johannes Trojan wird *Frauenmantel* wie folgt beschrieben:

„Das Kräutlein treibt ein rundes Blatt
Wie keines ringsherum es hat.
Mit zierlich eingekerbtem Rand
Ist für den Tau es angespannt,
Recht als ein Schälchen hingestellt,
in welches Perl` auf Perle fällt.
So hebt es auf des Himmels Tau,
der niedersinkt auf Flur und Au`,
Manch Elflein gegen Morgen kommt,
das dürstet, dem zu trinken frommt,
Schöpft aus dem Schüsselchen und spricht:
Ein bessres Labsal gibt es nicht."

Über den *Farn* schrieb Hildegard von Bingen: *„Der Farn ist warm und trocken und hat auch ein mittleres Maß an Saft. Der Teufel flieht* *die Pflanze, und sie hat gewisse Kräfte, die an die der Sonne gemahnen, weil sie wie die Sonne das Dunkle erhellt. Sie vertreibt so Trugbilder, Fantasias, und deswegen lieben sie die bösen Geister nicht. An dem Platze, an dem sie wächst, übt der Teufel sein Gaukelspiel selten aus, und das Haus, an dem der Teufel ist, meidet und verabscheut sie. Blitz, Donner und Hagel fallen dort selten ein, und auf dem Acker, auf dem sie wächst, hagelt es selten. Wer den Farn bei sich trägt, ist sicher vor den Nachstellungen des Teufels und vor bösen Anschlägen auf Leib und Leben."*

Dill soll früher von jungen Bräuten heimlich mit zur Kirche genommen worden sein. Das folgende Sprüchlein ist als Zauberspruch überliefert. *„Ich hab' Senf und Dill, mein Mann muss tun, was ich will wenn ich rede, schweig du still."*

In einer alten Quelle heißt es über das *Johanniskraut*:
„Von etlichen auch Fuga demonum genent, darumb/
daz man meynet/ wo solichs kraut behalten würt/
da kum der teuffel nicht hyn/ mög auch kein gespenst bleiben/
und darumb bereuchert man in ettlichen landen die kindbetterin
damit lasßen es aber vor segnen uff unser Frawen uffart tag/
und haben also ir kurtzweyl damit." (Otto Brunfels)

Und dass *Liebstöckel* nicht nur in die Suppe gehört, wusste man früher schon ganz genau: *„Liebstöckel, kräftiges Kraut, dich zu nennen im duftenden Dickicht heißt mich die Liebe, mit der ich im Gärtchen alles umfasse. Zwar durch Saft und Geruch, so glaubt man, soll diese Pflanze Schaden den Zwillingssternen der Augen und Blindheit bewirken. Aber die kleinen Samen der Pflanze pflegen doch manchmal als Beisatz Andrer Arznei durch fremdes Verdienst sich Lob zu erwerben"* (Walahfrid Strabo)

„Wurzel und Samen des Liebstöckel treiben den Harn und verhelfen Männern und Frauen nicht nur zu unkeuschen Gelüsten, sie tun es auch mit Begierde und Wonnen hernach.“ (Dioscorides)

Auch *Rosmarin* findet schon früh seine Beachtung in der Kräuterliteratur. So steht in Banckes Kräuterbuch von 1525:
„Wenn du dich schwach fühlst, dann koche die Blätter des Rosmarin und wasche dich damit, bis du glänzt. Wenn du am Rosmarin riechst, wird er dich jung erhalten.“

Eines der nützlichsten Hexenkräuter ist der reinigende und heilende *Salbei*. Auch hierzu hat man sich schon früh Gedanken gemacht: *„Leuchtend blühet Salbei ganz vorn am Eingang des Gartens, süß von Geruch, voll wirkender Kräfte und heilsam zu trinken. Manche Gebresten der Menschen zu heilen, erwies sie sich nützlich, ewig in grünender Jugend zu stehen hat sie sich verdient. Aber sie trägt verderblichen Zwist in sich selbst: denn der Blumen Nachwuchs, hemmt man ihn nicht, vernichtet grausam den Stammtrieb, läßt gierigem Neid die alten Zweige ersterben.“* (Walahfrid Strabo)

„Unter allen Stauden ist kaum ein Gewechs über die Salbey, denn es dienet dem Arztet, Koch, Keller, Armen und Reichen.“
(Hieronymus Bock)

Früher fragte man übrigens, wenn man vom Tod eines Menschen erfuhr: *„Warum ist er tot? Hatte er keinen Salbei im Garten?“*

Und in vielen Klostergärten war *Beifuß* verboten, denn er regt die Sexualität des Menschen an.

Schluss mit der Theorie! Jetzt darfst du dich endlich in der praktischen Kräuterküche versuchen.

Bärlauchmarinade

Bärlauch hemmt das Wachstum schädlicher Darmbakterien, sollte also ohnehin in keiner Küche fehlen.

Frisches oder gefrorenes Bärlauch klein hacken. Etwa 3 Esslöffel in eine Flasche mit 50 ml Essig und 150 ml Öl geben, zwei Wochen ziehen lassen.

Bärlauch-Brennnessel-Spinat

Brennnesseln in Milch kochen, bis sie weich sind. Anschließend Bärlauch nach Geschmack dazugeben, würzen wie gewünscht und wie Spinat servieren.

Gierschpfannkuchen

Giersch ärgert jeden Hobbygärtner, denn die hartnäckige Pflanze ist kaum entfernt, schon sprießt sie wieder in voller Pracht. Die jungen Blätter lassen sich aber wie ganz normales Gemüse zubereiten.

Wie gewohnt herzhafte, dünne Pfannkuchen zubereiten. Gierschblätter eine Minute in kochendes Wasser legen, herausnehmen und fein hacken. Parallel dazu Speckwürfel anrösten. Speckwürfel mit dem Gierschgemüse vermengen und als Füllung für die Pfannkuchen servieren.

Wildkräutersuppe (sehr vitaminreich)

Löwenzahn-, Sauerampfer-, Schafgarben- und Brennnesselblätter zu gleichen Teilen säubern und von den Stielen befreien. 10 Minuten in Salzwasser (wenig Salz) kochen, danach pürieren. Ein Eigelb mit 125 g Sahne verquirlen und zur Suppe geben.

❂ *Kräutersträuße im Teigmantel*

Spitzwegerich-, Taubnessel- und Gierschblätter zu kleinen Sträußchen zusammenbinden. Einen einfachen Pfannkuchenteig (ohne Zucker) zubereiten. Die Kräutersträußchen durch den Teig ziehen und in Öl ausbacken.

❂ *Schafgarbensoße (passt gut zu den 'Kräutersträußen')*

Einen Esslöffel Schafgarbenblätter mit einem Esslöffel Sahne-Meerrettich und 100 ml Naturjoghurt verrühren. Essig, Öl, Salz und Pfeffer nach Geschmack dazugeben. Die Schafgarbensoße schmeckt auch toll über Pellkartoffeln.
Vorsicht ist allerdings geboten, wenn du abnehmen möchtest, denn Schafgarbe regt den Appetit an!

❂ *Wildkräutersalat*

Taubnessel-, Spitzwegerich-, Löwenzahn-, Schafgarben- und Gänseblümchenblätter ergeben eine tolle Salatmischung. Pro Person kommt noch ein halber gewürfelter Apfel dazu. Das Dressing dazu aus Naturjoghurt, Essig, Bärlauchöl, rosa Beeren (notfalls Pfeffer) und Salz sowie einer Prise Zucker zubereiten.

Ritual für eine gesunde Ernährung

Manchmal ist es gar nicht so leicht, sich gesund zu ernähren und wider besseres Wissen greift man zu schnellen, aber wenig sinnvollen Nahrungsmitteln. Unsere Prägung, die tägliche Werbung in den Medien und das Umfeld bringen uns oft dazu, die falschen Entscheidungen zu treffen. Das ist sehr schade, denn zurück bleibt ein schlechtes Gefühl. Das folgende Ritual hilft dir dabei, deine Ernährung bewusster zu gestalten. Es sollte an einem Samstag bei abnehmendem Mond gefeiert werden. Du brauchst Ruhe und deine Ritualgegenstände. Dein Kelch, die Schutzkerze und dein

Räucherwerkzeug werden ergänzt durch eine gelbe Ritualkerze, verschiedene Zweiglein von unterschiedlichen Kräutern, getrocknete Kräuter zum Räuchern sowie eine Schale mit Wasser und Papier und Stift. Außerdem benötigst du etwas zum Lärmmachen, etwa eine Trommel, eine Rassel, Ratsche oder einfach ein Kochtopf mit einem Kochlöffel zum Draufschlagen. Reinige dich und deine Gegenstände gründlich. Saturn mag es, wenn alles Alte weggewaschen ist. Dann legst du einen Schutzkreis aus den Kräutern um dich herum und entzündest deine Schutzkerze. Rufe die Wächter der vier Elemente an:

„Wächter der Erde, ich rufe Euch in Verzweiflung mit der Bitte, mich zu beschützen.
Wächter der Feuer, ich rufe Euch in Verzweiflung mit der Bitte, mich zu stärken.
Wächter der Wasser, ich rufe Euch in Verzweiflung mit der Bitte, mich zu reinigen.
Wächter der Luft, ich rufe Euch in Verzweiflung mit der Bitte, mich zu klären."

Dann entzünde deine Ritualkerze und nimm deine Trommel. Stelle deine Wut darüber, dass du dich selbst schlecht behandelst, dar. Trommle aus dir heraus, was du dir über die schlechte Ernährung selbst an Schaden zufügst. Beginne deine Wut darüber zu fühlen, dass du dich nicht ausreichend wertschätzt. Lass dir dabei Zeit und halte nichts zurück. Wenn du ein Kind hast, kannst du dir ungefähr vorstellen, wie wütend du wärst, wenn jemand dein Kind vergiften würde. Jetzt steh für dich selbst ein und befrei dich von diesen Gewohnheiten und der Selbstschädigung. Lass es laut werden, tob dich aus. Wenn du meinst, frei zu sein, schau in die Flamme der Ritualkerze und sage den folgenden Spruch:

„Dieser Körper mein soll glücklich sein,
hochwertvoll bin ich und sehr rein,
Gift kommt keines mehr hinein.
So sei es! So sei es! So sei es!“

Jetzt nimm das Papier und den Stift und schreibe darauf den Satz: „Ich bin zu wertvoll, um mich zu vergiften.“ Entzünde deine Räucherkohle, gib getrocknetes Basilikum darauf und lade das gefaltete Papier über dem klärenden Rauch des Basilikums mit Energie auf. Wenn du damit fertig bist, beende das Ritual, indem du die Wächter wie folgt entlässt:

„Wächter der Erde, ich danke Euch für Euren Schutz.
Wächter der Feuer, ich danke Euch für Eure Stärke.
Wächter der Wasser, ich danke Euch für Eure Reinheit.
Wächter der Luft, ich danke Euch für Eure Klarheit.“

Das Papier hast du nun immer in der Nähe deines Einkaufszettels oder bewahrst es in der Geldbörse auf. Vertraue auf die Wirkung dieses Rituals. Wenn du Heißhunger auf etwas Ungesundes verspürst, wirf es dir nicht vor. Der Körper kann auch hin und wieder etwas verkraften, was nicht auf der Liste der gesündesten Lebensmittel steht. Beachte, was er dir mitteilen will. Die unüberwindbare Lust auf Schokolade kann ein Zeichen für eine nervliche Überanstrengung sein. Nimm ein Entspannungsbad und gönn dir eine halbe Stunde Ruhe. Vielleicht willst du dann gar keine Schokolade mehr. Ungesunde Gelüste sind meist ein Zeichen dafür, dass ein Mangel vorliegt. Wenn du dich regelmäßig liebevoll mit Nährstoffen versorgst, werden die Gelüste ganz von selbst verschwinden.

Hexenrezepte für die Liebe

Immer wieder wird danach gefragt, ob es nicht besonders liebevolle Rezepte für lauschige Abende gibt. Bereite beispielsweise als Fingerfood für Zwei die Kräutersträußchen im Teigmantel zu. Binde aber nun in jedem Sträußchen ein Kardamonblatt ein, denn Kardamon wirkt auf Männer anregend. Eine andere Variante desselben Rezeptes ist, dem Sträußchen Minze zuzufügen. Dazu reichst du geschmolzene Kuvertüre, die du mit etwas Chili gewürzt hast. Tauche die Spitzen der Kräutersträußchen in die Kuvertüre und streu dann ein wenig Chili auf die Schokolade. Das sieht wundervoll anregend aus und macht Lust auf eine gegenseitige Fütterung – eine der besten Voraussetzungen für ein Liebesspiel zu zweit. Du kannst grundsätzlich davon ausgehen, dass leichte Speisen die Lust eher fördern als schwere, denn dann ist die Kraft für die Verdauung nicht so hoch. Sonntags kannst du einen Sonnenteller zubereiten. Hierfür legst du gebratenen Lachs in die Mitte des Tellers, drum herum garnierst du frischen Spargel und der äußerste Rand wird durch Erdbeeren gestaltet. Dieses Rezept lässt durch die optischen Reize die Lust erwachen.

✿ *Lavendel*

...wirkt auf Männer anregend, denn es hat eine hohe Konzentration an ätherischen Ölen. Du kannst zum Beispiel Lavendelblüten zusammen mit Gänseblümchenblüten in Blätterteigtaschen einbacken. Gib hierzu Nuss-Nougat-Creme, bevorzugt eine herbe Sorte, vermischt mit einigen Blüten in den Blätterteig, bevor du ihn goldgelb backst. Diese schnelle Kleinigkeit ist ein „Nachtisch mit Folgen".

Hexenrezepte für die Erntezeit

Um über den Winter zu kommen, solltest du einige Sommerköstlichkeiten haltbar machen. Das geht am besten als Kompott oder als Marmelade, Sirup usw. Hier findest du Rezepte, mit denen du im Winter gesund und vor allem voller Freude essen und trinken kannst.

❂ *Holunderlikör für die Monate der Meditation*

Von August bis September kannst du Holunderbeeren sammeln. Bereite einen Liter Holundersaft zu und koche ihn mit 1000 g Rohrzucker und dem Mark einer Vanilleschote auf. Wenn die Mischung fünf Minuten geköchelt hat, gib 750 ml Rum (54 %) dazu und fülle den Likör in Flaschen. Lass ihn zwei Wochen lang kühl und dunkel sein Aroma entwickeln. Holunder ist der Göttin geweiht und besonders schmackhaft, wenn du in den Raunächten deine Meditationen durchführst. Du kannst den Likör auch als Zugabe verwenden, wenn du Soßen für Wildgerichte zubereitest.

❂ *Himbeerkonfitüre für heiße Wintergefühle*

1100 g Himbeeren
500 g Gelierzucker 2:1
2 Esslöffel Zitronensaft und
1 Teelöffel gemahlenen Kardamon zu Konfitüre verarbeiten.
Der Kardamon wirkt stimulierend und lustfördernd, wie du ja bereits weißt. Vielleicht ist ja mal ein Frühstück im Bett angesagt, wenn es an einem Wintersonntag sehr kalt draußen ist.

Klassische Hexenrezepte

Met, Früchtebrot und Kürbissuppe sollte jede Hexe zubereiten können. Schließlich greift man zu Hexenfesten gern zu den traditionellen Speisen, zumal sie auch gesund und lecker sind.

❂ *Met*

Honigwein oder Met ist ein typisches Getränk in Hexenkreisen. Zu Samhain setzt du 750 ml Rum mit 200 ml Honig und einer Vanilleschote an. Lass das Getränk zwei Wochen im Dunkeln ruhen, bevor du es genießt. Traditionell wird der Met zu Jul angeboten.

❂ *Waldmeisterbowle*

Zu Beltane trinken die Hexen Waldmeisterbowle. Waldmeister ist aber mit Vorsicht zu genießen, zu viel kann Kopfschmerzen auslösen. Deshalb lässt man das Kraut auch nicht lange in der Bowle.

5 Stängel Waldmeister zusammenbinden und für 30 Minuten in das Gefrierfach legen. Eine stärkere Waldmeisterkonzentration empfehle ich wegen der schon erwähnten Kopfschmerzen nicht. Dann die Stängel in trockenen Weißwein hängen, die Stiele sollten so weit wie möglich heraushängen, weil sie Bitterstoffe enthalten. Etwa 30 Minuten ziehen lassen, dann den Waldmeister entfernen und im Verhältnis 2:1 mit Sekt oder Mineralwasser auffüllen. Bei Bedarf zuckern und möglichst kalt servieren.

❂ *Früchtebrot*

Da wir Hexen ja weitgehend auf Weizenmehl verzichten, nutzen wir ein leicht abgewandeltes Rezept aus der Mitte des 18. Jahrhunderts für das Früchtebrot:

400 g gehacktes Trockenobst (je nach Geschmack)
100 g gehackte Nüsse
150 g Roggenmehl

1 TL Backpulver
3 Eigelb
125 g Zucker
3 Eiweiß

Eigelb und Zucker schaumig rühren. Mehl und Backpulver mischen, und zur Zuckermasse geben. Alles verrühren und das Trockenobst und die Nüsse hinzufügen.

Dann die Eiweiße steifschlagen und den Eischnee unter die Masse heben. Das Brot anschließend in eine Kastenform füllen und bei 180 Grad eine gute Stunde lang backen. Mit der Stäbchenprobe testen, ob noch Teig hängen bleibt.

Dieses – zugegebenermaßen kalorienhaltige – Früchtebrot kann heiß serviert werden, hält sich aber auch in Alufolie gepackt bis zum Ende der Raunächte.

❂ *Kürbissuppe*

500 g Kürbis in zwei Litern Gemüsebrühe weich kochen und danach pürieren. Liebstöckel, Muskat und Salz zum Würzen hinzugeben. Anschließend eine sehr kleine, milde Chilischote fein würfeln und zur Suppe geben, 200 ml Sahne unterrühren und nicht mehr kochen lassen.

❂ *Eingelegte Eier zu Ostara*

Zu Ostara immer nur hart gekochte Eier zu essen, ist nicht unbedingt aufregend. Mit Eiern kann man noch ganz andere leckere Sachen zubereiten. Versuch doch einmal, eingelegte Eier herzustellen. Das ist gar nicht schwer und sehr lecker.

Du brauchst dazu ein verschließbares Glasgefäß und Obstessig. Außerdem ein Bund Suppengrün, klein geschnitten, und 1 Zwiebel, 1 Teelöffel Salz und rote Beeren nach Geschmack.

Koche den Essig und ebenso viel Wasser (etwa 50 % Füllmenge

deines Gefäßes) mit dem Suppengrün, den Gewürzen und den Zwiebelringen auf, und lasse den Sud etwa 10 Minuten köcheln. Die Eier kannst du parallel hartkochen. Entferne die Schale von den Eiern und fülle sie in das Gefäß. Übergieße sie mit dem Essigsud und schließe das Glas fest zu. Die Mischung muss nun 48 Stunden ruhen. Wenn du das Glas geöffnet hast, sind die Eier im Sud im Kühlschrank noch zwei Tage haltbar. Mit einer hübschen Schleife ums Glas dekoriert hast du auch ein schönes Mitbringsel zu Ostara.

Magische Orte zuhause

Magische Orte sind uns allen bekannt. Jede Freizeithexe wünscht sich, einmal Stonehenge gesehen zu haben oder auf dem Blocksberg zu tanzen. Doch ebenso wie man nicht in den Himmel reisen muss, um Gott zu sehen, kannst du auch dein eigenes Zuhause in einen magischen Ort verwandeln. Magische Orte sind Kraftorte und jede weiße Hexe wird ihr Heim nach und nach in einen einzigen Kraftort verwandeln. Das eigene Zuhause ist das Nest. Hier sollen Geborgenheit und Sicherheit herrschen. Das eigene Wohlgefühl ist das Wichtigste am eigenen Heim, denn wenn ein Mensch sich zuhause sicher und geborgen fühlt, kann er Kraft schöpfen.

Die Kraftorte in der Welt sind nach bestimmten Prinzipien gebaut. Heute geht die Forschung davon aus, dass astrologische oder mythologische Aspekte, vielleicht auch eine Kombination aus beidem, die Baupläne für die Kraftorte geliefert haben. Deshalb werden auch deine Kraftorte sich an den universellen Gesetzen und an den allgemeinen Prinzipien der weißen Magie orientieren müssen, wenn sie Wirkung zeigen sollen. Die Astrologie lassen wir hier außer Acht, denn sie würde den Rahmen dieses Buches sprengen, du kannst aber selbstverständlich astrologische Aspekte mit einbeziehen. Wir bleiben in der Mythologie, ich denke, das reicht auch vollkommen aus, um für dich eigene Kraftorte zu entwickeln. Dafür musst du weder umbauen noch kostspielige Gegenstände anschaffen. Ich selbst lege viel Wert darauf, die vier Elemente in jedem Raum vertreten zu sehen. Das ist nicht schwer, denn eine Schale mit Wasser, besser noch ein Zimmerbrunnen (Element Wasser), eine Pflanze (Element Erde), Federn (Element Luft) und eine Kerze (Element Feuer) sind ja ohnehin beliebte Dekorationsgegenstände. Außerdem ist mir wichtig, das Gesetz der Bewegung immer vor Augen zu haben. Da helfen Mobiles und Windspiele. Ich brauche in jedem Raum einen Hinweis auf Venus, einen auf Jupiter und einen auf Mars. Jeder wird aber andere Prioritäten setzen, und diese ändern sich auch immer wieder, denn in unterschiedlichen Lebenssituation setzt die moderne Hexe unterschiedliche energetische Schwerpunkte. In finanziell schlechten Zeiten bekommt Merkur bei mir eine deutliche Präsenz. Geht es mir überbordend gut, richte ich Saturn eine Ecke in meinem Wohnzimmer ein, damit er mich an Bescheidenheit erinnert.

Ich denke jeweils zu den Hexenfesten darüber nach, ob die alte Auswahl noch die richtige ist. Dann wähle ich aus den mir bekannten Attributen für jedes der magischen Fleckchen diejenigen aus, die mir besonders gefallen und mir nahe sind. Im Folgenden stelle ich noch einmal eine Liste mit allen Attributen für die jeweilige Qualität zusammen.

Montag	Qualität: Weiblichkeit – dunkelblau/indigo Mond, silberne Kugeln, nachtblauer Stoff, Holunder, Kelch, Lapislazuli Tarotkarte: 'Hohepriesterin', 'Mond'
Dienstag	Qualität: Stärke, Kampfgeist – rot Zinnsoldaten, Schwert, Siegel, Pyramide, Feuerbohnen, Blutjaspis, Hämatit Tarotkarte: 'Herrscher'
Mittwoch	Qualität: Himmelsnähe – violett Federn, Flügel, Lavendel, zarter Stoff in violett, Amethyst Tarotkarte: 'Wagen'
Donnerstag	Qualität: Kraft, Ruhm – dunkelblau Eisen, Hammer, Lorbeer, Sonne, grüner Aventurin, Rubin, Pfeil Tarotkarte: 'Hohepriester', 'Gericht'
Freitag	Qualität: Liebe, Ästhetik – hellgrün, rosa Birke, Rosen, Kupfer, Rosenquarz Tarotkarte: 'Herrscherin', 'Liebende'
Samstag	Qualität: Bescheidenheit, Arbeit – braun, gelb Werkzeuge, Basilikum, Salbei, Bergkristall Tarotkarte: 'Tod', 'Der Gehängte'
Sonntag	Qualität: Männlichkeit – gelb, gold Sonne, gold, gelbe Rosen, Sonnenstein, Tarotkarte: 'Sonne', 'Hohepriester'

Dein nächster Schritt ist, selbst zu wählen, was du für deine magischen Orte brauchst. Lass die Orte übrigens nicht unbedingt direkt nebeneinander liegen. Es ist wirkungsvoller, wenn dein Raum die magische Stimmung an verschiedenen Stellen verströmt. Such dir alles zusammen und gestalte die Stelle reinlich und gründlich. Das bedeutet, du machst vorher gründlich sauber und arrangierst dann das, was du brauchst. Manchmal werde ich gefragt, was denn die anderen davon denken könnten. Dann antworte ich normalerweise, dass sie sich nichts denken. Warum sollte ich denn danach gefragt werden, was der blaue Schal, die silberne Kugel und die blaue Kerze auf der Fensterbank zu bedeuten haben? Schließlich liegen bei anderen Menschen auch Dekogegenstände herum. Manchmal werde ich sogar darauf angesprochen, dass etwas besonders hübsch aussieht. Dann freue ich mich über das Kompliment. Ich will nicht jeden an meinen Überzeugungen teilhaben lassen, aber es gefällt Gästen normalerweise gut, wenn die Umgebung ansprechend gestaltet ist. Niemand wird wissen, was die Gegenstände, die du dekorierst, dir bedeuten. Wenn du es nicht erzählen willst, dann bleibt es bei dir.

Hexentipp

Deine Ritualkerzen und deine Schutzkerze stehen wahrscheinlich auch im Sommer in der Wohnung. Manchmal werden sie schief, wenn die Sonne draufscheint. Was tun? Wegwerfen ist zu schade, also lege sie einfach für fünf Minuten in heißes Wasser und rolle sie dann auf einem Holzbrett wieder gerade. Schon sind deine Kerzen wieder schön.

Anders sieht es mit dem Altar aus. Die Ansammlung der Gegenstände auf einem Hexenaltar ist schon recht auffällig und könnte für neugierige Blicke oder Fragen sorgen. Den Altar bauen weiße Hexen darum in Räumen auf, die Besuchern normalerweise nicht zugänglich sind. Allerdings setzt das voraus, dass die eigene Familie das respektiert. Es macht keinen Spaß, immer von den eigenen Mitbewohnern bespöttelt zu werden. Manche Hexen haben daher ihre Altargegenstände im Schrank oder in einer Kiste und bauen den Altar nur bei Bedarf auf. Es gibt einen guten Kompromiss für dich, wenn du deinen Altar täglich vor Augen haben willst, ohne dafür Rechenschaft ablegen zu müssen: Baue dir selbst einen magischen Ort aus einer Kachel oder einer Steinplatte, zur Not kannst du auch Pappe nehmen. Dort malst du ein Pentagramm auf und klebst auf jede Spitze einen Stein, allerdings bleibt eine Spitze frei. Dann klebst du Federn auf, um das Element Luft darzustellen. Muscheln symbolisieren das Wasser. Erde, also Steine, hast du ja schon und das Feuer wird dargestellt, indem du in der Mitte des Pentagramms einen Teelichthalter installierst. Die freie Spitze ist deine Position, denn den Geist gibst du selbst dazu. So hast du einen Minialtar, den du für die Blicke deiner Umgebung als aufwändig gearbeiteten Kerzenhalter tarnen kannst. Wenn du deine ersten magischen Orte gefunden hast, werden es sicher im Laufe der Zeit immer mehr werden. Energetisch warne ich aber davor, in jedem Raum jeden Aspekt darzustellen. Im Schlafzimmer möchte ich keinen Jupiteraltar haben, da möchte ich schlafen oder mich der Venus hingeben. Saturn passt gut in die Küche, ebenso die Sonne und auch Venus. Aber schließlich ist es dein Heim, mach dir deine eigenen Gedanken, wie dein Zuhause auf dich wirken soll.

Hexentipp

In vielen magischen Ecken gibt es selbstverständlich auch Räucherschalen und Räuchern lässt einen Ort zu einem magischen Ort werden. Bitte nimm hinsichtlich deiner Räucherungen Rücksicht auf deine Umgebung, denn das Räucherwerk geht über die Nasenschleimhaut in den Organismus eines Menschen ein. Nicht jeder möchte aber körperlich von deiner Räucherung beeinflusst werden. Eine Räucherung ohne das Einverständnis aller Anwesenden sehe ich daher als einen Eingriff in den Körper des anderen. Ich packe ja auch keine Medikamente ins Essen anderer Leute. Das Gleiche gilt übrigens auch für ätherische Öle. Es gibt keinen natürlichen Stoff ohne Nebenwirkungen. Bedenke bitte die erste Hexenregel und akzeptiere deine Umwelt, während du als Hexe wirkst.

Die Hexe und ihre Gesundheit

Gesundheit ist mehr als das Fehlen von Krankheit. Das ist der Hexe wohl bewusst und sie wird sich darum kümmern, sich gesund zu erhalten, statt nur Krankheiten zu beseitigen. Hierfür gibt es viele überlieferte Möglichkeiten, die doch immer wieder auf den einen Punkt hinauslaufen: Für Gesundheit ist der Respekt der natürlichen Ordnung entscheidend. Die moderne Hexe hat Freude an ihrer Gesundheit und lässt daher vielleicht von schädlichen Spaßfaktoren wie Extremsport oder Junk-Food die Finger.

Sich die eigene Gesundheit zu gönnen, ist Selbstliebe. Die meisten Menschen sind sich vollkommen gleichgültig, wichtig ist ihnen nur, dass sie anderen Menschen gefallen. Das ist verheerend, denn ungesunde Menschen sind nicht nur eine Belastung für sich selbst, sondern auch für ihre Umgebung. Es ist schlicht und einfach schändlich, sich nicht um sich selbst zu kümmern. Früher oder später nötigt man andere, sich um die selbst erworbene Krankheit zu kümmern, sei es über Krankenversicherung, Hilfsleistungen oder Sonstiges.

Der Mensch ist durchaus in der Lage, gesund zu leben, allerdings muss er dafür vielleicht sein Leben umstellen. Es gilt, den Blickwinkel zu verändern. Nicht auf der Umgebung, auf den anderen, auf der eigenen Profilneurose darf der Fokus liegen, wichtiger ist der Blick auf die Verantwortung für sich selbst. Wenn wir unseren Geist nicht nähren, leidet die Seele; wenn die Seele erkrankt, geht es auf den Körper über. Die Seele wird aber nur als gesunde Seele den Geist zum Wachsen motivieren. Es gilt, unbedingt die Balance zu halten und nicht nur aufs Essen zu achten, sondern die eigene Ernährung bewusst zu gestalten – die Ernährung für Körper, Geist und Seele. Die moderne Hexe macht sich dafür sowohl altes als auch neues Wissen nutzbar. Es ist nicht klug und hat nichts mit Magie zu tun, eine ausgewachsene Depression ausschließlich mit Johanniskrauttee behandeln zu wollen. Ebenso geht eine Blinddarmentzündung eher selten durch einen Aufguss aus Gänseblümchen einfach so wieder weg. Manchmal muss es einfach eine Arznei oder ein operativer Eingriff sein. Die kluge Hexe weiß ganz genau, wo ihre Grenzen liegen, und wird diese nicht überschreiten wollen. Ich bin oft schockiert, wenn ich sehe, wie sehr manche Menschen leiden, weil sie alles Moderne in der Medizin verteufeln, aber gleichzeitig Auto fahren und ein Handy benutzen. Wir leben in dieser Zeit, mit all ihren Vor- und Nachteilen. Sicher gibt uns die Natur viel, doch auch die Wissenschaft hat einiges zu bieten. Wir sollten nichts verschmähen, was dem Leben dient.

Die drei Geschwister

Es war einmal eine Frau, die träumte schlecht. Nie kam sie in der Nacht richtig zur Ruhe, sie wälzte sich im Bett, bis sie morgens in einen erschöpften Schlaf fiel. Sie kannte den Grund dafür nicht, denn sie lebte ein erfolgreiches Leben, hatte einen tollen Beruf, viele Freunde und war attraktiv. Leider konnte sie sich nicht gut an ihre Träume erinnern. Doch eines Nachts war es anders. Am Tag war sie noch bei ihrem Arzt gewesen, um sich dort ein Schlafmittel verschreiben zu lassen. Der Arzt gab ihr aber kein Rezept, sondern die Empfehlung, zuerst eine Entspannungsmethode zu erlernen. Die Nacht war wieder schwer und nicht erholsam, doch am Morgen wachte die Frau mit der Erinnerung an ihren Traum auf. Sie hatte im Traum drei Kinder. Die Kinder saßen auf der Stufe einer kleinen Hütte und stritten sich. Sie wirkten traurig und wütend zugleich. Die Frau ging im Traum in das Innere der kleinen erbärmlichen Hütte und sah sich dort selbst auf dem Totenbett liegen. Sie ging wieder zu den Kindern, die um die Mutter weinten und miteinander im Streit lagen. Eine Weile hörte sie den Kindern zu. Das Jüngste sagte: „Ich will die Bücher aber haben. Mich hat die Mutter nie geliebt, nun steht mir dieses Erbe zu. Was wollt ihr mit Büchern?" Das älteste Kind wurde rot vor Zorn und sagte: „Wenn Mutter in ihrem Testament festlegt, dass wir nichts aus dem Haus nehmen sollen, müssen wir uns daranhalten. Ich für meinen Teil hätte auch gern ihren Ohrensessel, doch den letzten Willen müssen wir achten." Das mittlere Kind fiel ein: „Warum ist sie nur so böse zu uns gewesen? Warum sollen wir alles verkaufen, um ihr Grab mit einer Büste zu schmücken. Sie hat uns nie geliebt, was sind wir ihr schuldig? Wenn ich schon jetzt mutterlos dastehe, so beanspruche ich doch wenigstens das Küchengerät für mich selbst." Das älteste Kind stampfte mit dem Fuß auf. „Aber Mutter ist Mutter, seht ihr das nicht?" Das jüngste Kind erhob die Stimme und sprach entschieden: „Lass Mutter sein, sie hat mir nie ihre Liebe gezeigt. Dir hat sie nicht die Welt erklärt. Und genährt wurde niemand von uns, ganz gleich, wie hungrig wir waren. Die Büste gibt es nicht, wir teilen unser Erbe auf." Vollkommen verwirrt überlegte die Frau am nächsten Morgen, was der Traum ihr sagen wollte. Sie ging noch einmal zu ihrem Arzt und der schmunzelte und sagte: „Wenn Sie Ihren Geist, Ihren Körper und Ihre Seele nicht versorgen, gute Frau, bleibt von Ihnen nichts übrig." Fortan achtete die Frau auf die Nahrung für ihren Geist, unternahm lange Spaziergänge im Grünen und stellte sich eine gesunde und nahrhafte Ernährung zusammen. Sie träumte nicht mehr schlecht und schlief von da an gut.

Körper

Ein gesunder Körper macht uns viel Freude. Begreifen wir unseren Körper als Natur, werden wir ihm geben, was er braucht. Und wir werden ihn vor dem schützen, was ihn belastet oder schwächt. Denken wir an die Hexenregel des immer neuen Lernens: Warum lernst du nicht einfach etwas über den Körper? Es macht Freude, sich kennenzulernen. Die meisten Menschen wissen nicht genug über die körperlichen Zusammenhänge, um sich wirklich gesund erhalten zu können. Schon ein Biologiebuch (Thema Humanbiologie) kann den Horizont erweitern und lässt die Liebe zum eigenen Körper wachsen. Medizinischen Laien empfehle ich einen Besuch in der Kinderabteilung der Stadtbibliothek. Hier gibt es großartige Fachbücher für junge Leser, die auch den Erwachsenen das Lernen leicht machen.

Unser Körper ist schön, wenn er gesund ist. Ein kranker Körper wird niemandem gefallen und verliert im Lauf der Zeit auch seine Anziehungskraft für andere. Vielleicht entspricht ein kranker Körper für eine Weile den gängigen Schönheitsvorstellungen, doch wirklich schön ist er nicht. Wenn du deinen Körper gesund halten willst, dann respektiere, was er braucht. Beginne sofort, nicht nächste Woche oder später. Halte dich in Bewegung, ernähre dich gesund und ruhe regelmäßig und sinnvoll. Bewegung zu bekommen, ist in der modernen Zeit fast nicht mehr möglich. Entscheide dich daher für einen autofreien Tag pro Woche und unternimm gerade an diesem Tag etwas: Geh zu Fuß, solange du magst, steig in den Bus, wenn du keine Lust mehr hast, zu laufen, aber lass deinen eigenen Wagen stehen. Du wirst schon nach sechs Wochen mehr Vitalität und Lebensfreude spüren. Du kannst dafür gut den Sonntag nutzen, denn das Gehen ist eine männliche Energie.

Zuerst wird es dir schwerfallen, aber schon bald machen die meisten Menschen die Erfahrung, dass sie noch mehr autofreie Tage in der Woche brauchen.
Nutze den Samstag für eine gesunde Ernährung mit Kräutern. Es ist nicht schwer, wenn du dir die Rezepte aussuchst, die du magst. Ich mache damit immer sehr gute Erfahrungen, wenn ich Gäste einlade und die meisten sind begeistert von meinen gebackenen Kräutersträußen, Minzmuffins und Wildkräutersalaten. Da die Kräuterküche gleichzeitig viel Fingerfood bietet, ist die Bewirtung unkompliziert und es bleibt viel Zeit für Unterhaltungen und andere schöne gesellige Dinge.

Hexenschönheit aus der Küche

✪ *Haare*

Ein Haarfestiger mit Glanzfaktor ist Bier. Nutze es als Spülung nach der Haarwäsche. Keine Sorge, der Geruch verfliegt schnell.
Das wohl bekannteste Mittel gegen trockenes und sprödes Haar ist Olivenöl. Das Öl ins Haar einmassieren, über Nacht einwirken lassen und am nächsten Tag die Haare wie gewohnt waschen.
Mit einer Spülung aus Kamillenaufguss werden die Haare heller und Glanz verleiht man den Haaren durch eine Spülung aus Zitronensaft oder Essig.

✪ *Haut*

Wenn du im Winter darunter leidest, dass deine Haut rau und trocken wird, vermische einen geriebenen Apfel mit einem Esslöffel Kartoffelstärke. Als Maske lässt du die Mischung 30 Minuten einziehen und danach nimmt deine Haut die Feuchtigkeit viel besser auf, denn die Pektine im Apfel regen die Haut an, Feuchtigkeit aufzunehmen. Im Anschluss legst du entweder Gurkenscheiben auf das Gesicht oder bereitest eine Maske aus geriebener Gurke, einem Esslöffel Quark und einem Esslöffel Honig zu. Die Nährstoffe und die Feuchtigkeit in dieser zweiten Maske können jetzt sehr gut in die Haut eindringen. Diese Maske wird nach etwa 20 Minuten mit lauwarmem Wasser abgewaschen und das Gesicht danach nur zart trocken getupft.

Leidest du unter leicht trockener Haut mit einigen unreinen, fettigen Stellen? Dann ist ein Peeling mit Milchpulver genau das richtige Mittel. Es trocknet nämlich nicht aus und hat eine milde reinigende Wirkung.

Hat deine Haut zu viel Sonne abbekommen, lege Tomatenscheiben auf die betroffenen Stellen. Tomaten haben viel Flüssigkeit und gleichzeitig hautpflegende Inhaltsstoffe.

Die Rezepte für die folgenden Gesichtsmasken solltest du auf jeden Fall einmal versuchen:

Feuchtigkeitsspendende Möhrenmaske

3 Esslöffel Naturjoghurt

1 Teelöffel Distelöl

2 geriebene Möhren

Verrühren und 15 Minuten auf der gereinigten Haut einwirken lassen, danach mit warmem Wasser abspülen.

Eine beruhigende Avocadomaske ist genau das Richtige nach einer langen Nacht, die man dir nicht ansehen soll;

Fruchtfleisch einer Avocado (püriert)

1 Teelöffel Honig

1 Teelöffel Naturjoghurt

Verrühren und 10 Minuten auf der gereinigten Haut einwirken lassen, danach mit warmem Wasser abspülen.

✪ *Badezusätze*

Buttermilch ist ein durchaus gesundes Getränk, auch als Badezusatz. Bereite ein Vollbad zu und gib zwei Liter Buttermilch dazu. Lege dich 20 Minuten ins Buttermilchbad, das strafft deine Haut.

Ein *Entspannungsbad* mischt du aus folgenden Zutaten zusammen:
500 g Speisequark
2 Esslöffel Olivenöl
2 Esslöffel Honig
5 Tropfen ätherisches Lavendelöl
Alles miteinander verrühren und einen Teil auf Gesicht und Dekolleté auftragen, den Rest in das Badewasser geben, danach den ganzen Körper warm abduschen.

Wenn du eine richtige *Erfrischungskur* brauchst, dann presse dir einen frischen Orangensaft und zusätzlich noch weitere sechs Orangen für ein Vollbad. Ins Badewasser gibst du zusätzlich vier Rosmarinzweige. Zünde eine orangefarbene Kerze an und trink in aller Ruhe während deines Bades das Glas Orangensaft.

Willst du dich einmal fühlen wie Cleopatra, dann koche einen Liter Milch, 250 ml Sahne und drei Esslöffel Sojaöl auf. Gib die Mischung in dein Badewasser. Diesen Badezusatz sollten aber nur Hexen mit trockener Haut benutzen.

Leidest du manchmal unter Durchblutungsstörungen? Dann bereite einen Sud aus sechs ungespritzten Zitronen und einer Hand voll Birkenblättern zu. Lass den Sud fünf Stunden ziehen und seihe ihn dann ab. Gib ihn in ein Vollbad und bade circa 20 Minuten darin. Im Anschluss wirkt eine Bürstenmassage wahre Wunder.

Hände und Füße

„In Liebe handeln, in Liebe wandeln, das sei mein Leben, möge die Göttin mir die Kraft dafür geben." Hände und Füße sind leider häufig Stiefkinder, was unsere Aufmerksamkeit betrifft. Hände und Füße zu pflegen hat einen rituellen Charakter, wenn wir uns bewusst machen, dass unser Getragenwerden und unser Handeln von ihnen abhängig sind. Hände und Füße können wie das Gesicht auch sehr gut mit Packungen versorgt werden. Hierfür solltest du dir Baumwollsöckchen und Baumwollhandschuhe kaufen. Die folgenden Rezepte sind für Packungen für Hände und Füße entwickelt und werden unter der schützenden Baumwolle etwa für 30 Minuten aufgetragen. So handlungs- und bewegungsunfähig fällt es übrigens leichter, zu lernen, zu meditieren oder einfach die Seele baumeln zu lassen.

2 Esslöffel Honig
1 Esslöffel Magerquark
1 Esslöffel Sahne
1 Eiweiß (geschlagen)
Saft einer Zitrone
Alle Zutaten miteinander vermischen und auf die Hände oder Füße auftragen. Baumwollhandschuhe bzw. –socken überziehen und einwirken lassen. Danach mit warmem Wasser abwaschen.

Ein weiteres Rezept entfaltet seine Wirkung schon nach etwa 10 Minuten, ist also für eilige moderne Hexen bestens geeignet: Olivenöl und Honig verrühren, fein geriebene Salbeiblätter dazugeben. Diese Mischung verhindert auf den Füßen auch übermäßiges Schwitzen, wenn sie täglich angewendet wird.

❂ *Fingernägel*
Fingernägel werden durch Zitronensaft schön hell und hässliche Verfärbungen verschwinden. Olivenöl und Zitronensaft als Nageltonikum stärken zudem weiche und brüchige Nägel.

Geist

Ein gesunder Geist ist ein positiver Geist. Wenn der Geist negativ ist, zieht er Körper und Seele mit in die Abwärtsspirale hinein. Übe, fit im Kopf zu bleiben. In meinem Buch „Das Heilwissen der weisen Frauen" habe ich mich viel mit dem Thema der geistigen Gesundheit befasst. Vergiss nicht, dass der Kopf zuerst altert, also halte dich in Schwung, wann immer du kannst. Viele Erkrankungen des Gehirns haben die lateinische Bezeichnung „Dementia". Wenn man wagt, das Wort frei zu übersetzen, dann heißt es „verneinender Geist". Konstruktive, positive Menschen bleiben einfach länger fit. Wer gern lernt und Neues ausprobiert, lebt in einem ständigen Jungbrunnen. Damit will ich nicht behaupten, dass Demenz auf eine negative Lebenshaltung zurückgeht, sondern nur das Wort Dementia nutzen, um auf das positive Denken hinzuweisen. Der folgende Text ist eine Fitnessübung für den Kopf. Wenn du ihn gelesen hast, sind deine grauen Zellen zumindest für heute wieder in Schwung gebracht.

Positiv67s D67nk67n ist konstruktiv67s D67nk67n

Aufbau67nd67 G67dank67n sind gut67 G67dank67n. W67r sich di67 W67lt schl67cht d67nkt, wird auch 67in67 schl67cht67 W67lt 67rl67b67n, 67r wird missmutig und auf Dau67r mutlos. 67r v67rli67rt s67in67n Antri67b. Jamm67rn und Klag67n änd67rn nichts an d67n Tatsach67n. Probl67m67 als Aufgab67n zu s67h67n und daran zu glaub67n, dass man di67 Kraft hab67n wird, di67s67 Aufgab67n zu lös67n, stärk67n das S67lbst-b67wussts67in. Bist du 67in M67nsch, d67m das L67b67n Aufgab67n st67llt? Dann darfst du dich fr67u67n. Du g67hörst off67nsichtlich zu d67n67n, d67n67n 67in67 Lösung zug67traut wird. Schli67ßlich ist 67s nicht unb67dingt 67in Komplim67nt, w67nn ni67mand 67twas von dir will. Das kann doch nur b67d67ut67n, dass ni67mand irg67ndw67lch67 Fähigk67it67n in dir si67ht. Nimm also H67rausford67rung67n an. Du kannst nur g67winn67n, w67nn du dich positiv an di67 Lösung h67ranwagst. Du g67winnst Stärk67 und Fähigk67it67n und S67lbstachtung.

Exkurs: Geist und Seele, untrennbar miteinander verbunden

Ich schaue mir zwar keine Nachrichtensendungen an, doch den Tagesneuheiten aus Politik, Gesellschaft und Wirtschaft kann ich mich nicht entziehen. Das will ich auch gar nicht, denn wenn ich heute bewusst leben will, muss ich ja das Heute auch wahrnehmen. Allerdings bin ich doch mehr geschockt als alles andere, wenn ich von Amok und Verseuchung, Kriminalität und Kindergewalt höre.

Dabei fällt mir nur die Frage ein, wo denn das logische Denken hingekommen ist. Wenn etwas geschieht, wollen wir die Fehler ganz schnell beseitigen, um dann wieder hirnlos in die nächste Grube zu fallen.

Was ist denn eigentlich der Sinn hinter all dem? Geht es denn nicht darum, eine menschenwürdige Gesellschaft zu gestalten? Wir erschrecken bei Amokläufern – doch wann haben wir uns gefragt, was eine kindliche Seele an Schmerz sammelt, wenn sie jahrelanges Mobbing, Leistungsdruck und Medienkonsum zu verarbeiten hat. Amok ist nur eine logische Folge der gequälten, verletzten Seele. Wenn wir uns gegenseitig wie Dampfdrucktöpfe behandeln, müssen wir mit Explosionen leben lernen. Wir analysieren gern, selbst diejenigen, die es gar nicht können, betreiben Ursachenforschung. Doch rückwärts zu denken bringt keinen nach vorn. Die Logik des Prinzips von Ursache und Wirkung fehlt – und zwar genau dann, wenn es um die Ursache geht. Wie staunende Kinder stehen wir vor der Wirkung und übersehen, dass wir die Ursache auch selbst gesetzt haben.

Logisches Denken ist hier gefordert, so logisch wie die Natur es uns vorlebt.

Logik heißt „das Wort" und gleichzeitig auch „die Folgerichtigkeit". Aber in unseren Gehirnen spielt Logik offensichtlich nur noch eine Rolle, wenn es um Zahlen geht.

Und da heißt die alleingültige logische Formel: Bringt kein Geld – Folge: Wird nicht gemacht.

Wir sollten noch andere logische Folgen berücksichtigen, so etwa diese hier:

Kinder gequält – Folge: Jugendliche und Erwachsene aggressiv
Boden verseucht – Folge: Nahrungsmittel giftig
Bienen vernichtet – Mensch tot

Und diese Logik muss greifen, bevor ein Kind gequält wird, bevor ein Landwirt Pestizide verwendet.

Als Kinder haben wir das mal gelernt, es geht ganz einfach. Fühlen – Denken – Handeln. Eine ganz logische Verkettung.

Heute sitzen wir wie Gehirne in Einmachgläsern herum, das

Fühlen kommt aus der Konserve, das Denken ist oft nur eine Wiederholung alter Schleifen im Kopf und das Handeln kann dann selbstverständlich gar nicht einsetzen.
Fragt sich eigentlich jemand, wie es sich für ein Kind anfühlt, wenn es in einem verdreckten Schulklassenzimmer sitzt, der Lehrer ihm erzählt, dass für neue Tische kein Geld vorhanden ist, und der Lärmpegel so hoch ist, dass dem Kind die Ohren schmerzen? Nach dem Gefühl fragen heißt nach der Basis fragen. Und das gilt auch im eigenen Leben, um Selbstschädigung zu verhindern. Wenn sich etwas schlecht anfühlt, sollte man es lassen, es gibt immer eine Alternative. Statt unsere Gefühle wahrzunehmen und zu verantworten (was von „Antwort" kommt), stecken wir lieber den Kopf in einen Sandkasten aus Sentimentalität, Esohysterie und Jammerei, verbunden mit Angst. Wir brauchen eine neue Aufklärung, eine Befreiung aus der Unmündigkeit, die wir mal wieder selbst verschuldet haben. Wir brauchen wieder die Basis der menschlichen Logik – und die liegt im Gefühl, im echten Gefühl, bedingt durch Wahrnehmung, nicht durch reines Betrachten (siehe Medien). Kinder und Erwachsene können ganz von sich aus wieder fühlen, wenn sie nur wollen. Tasten, hören, schmecken, riechen, sehen – es ist uns (noch) nicht verboten. Und dann können wir auch wieder denken, statt nachzuplappern – und wieder handeln. Die Natur ist unsere einzige Rettung und die europäische Spiritualität ein sicherer Weg nach vorn, denn sie führt zurück zur Logik! Gefühle sind knallharte Fakten, Wahrnehmung ist wissenschaftlich begründet, da geht es nicht um Wischiwaschi aus der Soap – die Natur lebt es uns vor! Mit diesen Gedanken leite ich über in das nächste Kapitel, Gesundheit der Seele.

Seele

Um in der Seele gesund zu bleiben, ist es wichtig, bei sich zu bleiben und für seine eigene innere Ruhe zu sorgen sowie diese auch zu schützen. Der beste Weg dahin ist die Meditation. Auch hier kannst du wieder mit den sieben magischen Bäumen arbeiten. Zu jedem Baum stelle ich dir eine kleine Meditation vor, die du leicht ohne große Vorbereitungen durchführen kannst. Ich kenne übrigens viele weiße Hexen, die kleine magische Bäume auf der Fensterbank stehen haben, bevor sie in die Natur ausgepflanzt werden.
Du musst nicht jeden Tag mit einem Baum meditieren. Wenn du einmal keine Zeit hast, ist es besser, am nächsten Tag einfach wieder einzusteigen, bevor du frustriert alles abbrichst.

Meditation des Kirschbaums

Bereite einen ruhigen Platz für deine Meditation vor, vielleicht kannst du dich sogar unter einen Kirschbaum setzen. Nutze eine weiße und eine dunkelblaue Kerze für deine Meditation. Wenn du im Freien meditierst, beachte bitte besonders die Waldbrandgefahr!
Atme ruhig und langsam in deinen Bauch hinein. Zähle dabei bis fünf. Nimm dann die Fülle wahr, die du aufgenommen hast, während du bis drei zählst. Jetzt lässt du die Luft langsam wieder heraus (bis fünf zählend) und nimmst die Leere wahr (bis drei).
Wenn das gut klappt, dann nimm die folgende Formel hinzu:
Beim Einatmen : Mondin – füll mich an!
Beim Ausatmen: Mach mich neu!

Meditation der Eiche

Bereite einen ruhigen Platz für deine Meditation vor, vielleicht kannst du dich sogar unter einen Eichenbaum setzen. Nutze eine rote Kerze für deine Meditation.

Atme ruhig und langsam in deinen Bauch hinein. Zähle dabei bis drei und atme bis fünf zählend wieder aus.

Nun visualisiere dich selbst. Du stehst vor einer leeren Eichenrinde und steigst hinein. Jetzt lebst du in dieser Rinde. Die Rinde ist stark und fest. Du kannst um dich herum das bunte Treiben der Tiere sehen. In den Zweigen spielen Vögel. Eichhörnchen klettern an der Rinde hoch. Du bist ganz gelassen. Nichts tangiert dich. Kinder spielen an deinen Wurzeln, du bleibst liebevoll gelassen und freust dich darüber, dass du lebst. Wenn du dich ruhig und in der Eiche heimisch fühlst, lass die Rinde langsam verschwinden, und fühle deine Füße, deine Beine und den Rest deines Körpers stark und beschützt.

Meditation der Ulme

Bereite einen ruhigen Platz für deine Meditation vor, vielleicht kannst du dich sogar unter eine Ulme setzen. Nutze eine violette Kerze für deine Meditation.

Atme ruhig und langsam in deinen Bauch hinein. Zähle dabei bis drei und atme bis fünf zählend wieder aus.

Stell dir vor, wie dein Atem beim Ausatmen bis in die Tiefen des Universums reist. Stell dir beim Einatmen vor, wie das Universum dich füllt und dir unbegrenzt Licht und Kraft schickt. Beende diese Meditation erst, wenn du die Kraft und das Licht in deinem ganzen Körper, bis in die Fußspitzen und die Fingerspitzen fühlen kannst.

✪ *Meditation des Ahorns*

Bereite einen ruhigen Platz für deine Meditation vor, vielleicht kannst du dich sogar unter einen Ahornbaum setzen oder Ahornblätter um dich herum legen. Nutze eine dunkelblaue Kerze für deine Meditation. Lege ein Ahornblatt mit fünf Fingern direkt vor dich.

Atme ruhig und langsam in deinen Bauch hinein. Zähle dabei bis drei und atme bis fünf zählend wieder aus. Sieh dich im Licht deiner Kerze und stell dir dich selbst vor. Vor deinem inneren Auge entwickelt sich jetzt ein Bild von dir, nachdem du dir einen großen und wichtigen Wunsch erfüllt hast. Hier spielt es keine Rolle, ob der Wunsch materiell ist oder nicht. Nutze diese Meditation, um deinen Geist auf die Erfüllung deines Wunsches auszurichten. Wenn du dir etwas wünscht, was du dir nicht vorstellen kannst, wird es sich auch nicht erfüllen.

✪ *Meditation der Birke*

Bereite einen ruhigen Platz für deine Meditation vor, vielleicht kannst du dich sogar unter eine Birke setzen. Nutze eine hellgrüne Kerze für deine Meditation.

Atme ruhig und langsam in deinen Bauch hinein. Zähle dabei bis drei und atme bis fünf zählend wieder aus.

Die Birke ist jung und frisch. Visualisiere während deiner Atmung, wie ein frischer kühler Wind um dich herum weht. Er streicht durch deine Haare, streichelt deine Haut und hat einen klärenden Aspekt.

Nun stell dir vor, dass dieser frische kühle Wind durchsetzt ist von leichten Birkenblättern, die deine Haut sanft wie ein Peeling von allem befreien, was du nicht brauchst. Dann zieht sich der Wind zurück und auf deiner Haut bleibt nichts zurück als Liebenswürdigkeit, die du in deine Umgebung ausstrahlst.

✪ *Meditation der Buche*

Bereite einen ruhigen Platz für deine Meditation vor, vielleicht kannst du dich sogar unter eine Buche setzen. Nutze eine gelbe Kerze für deine Meditation.

Nimm dir am besten die Runen vor und ziehe eine Tagesrune, über deren Bedeutung du meditierst. Wenn du keine Runen hast, nutze die folgende Affirmation zur Rune Nauthiz ᚾ

„Ich überprüfe meine Bedürfnisse auf Wahrheit hin.
Ich weise meine Ratio und mein Ego in seine Schranken.
Was ich wirklich brauche, werde ich bekommen."

✪ *Meditation der Esche*

Bereite einen ruhigen Platz für deine Meditation vor, vielleicht kannst du dich sogar unter eine Esche setzen. Nutze eine gelbe oder goldene Kerze für deine Meditation.

Atme ruhig und langsam in deinen Bauch hinein. Zähle dabei bis drei und atme bis fünf zählend wieder aus.

Stell dir vor, wie das Sonnenlicht in deinen Kopf einströmt. In deinem Bauch sammelt es sich zu einer Sonne, einer gelben Kugel. Diese Kugel füllt nach und nach deinen ganzen Körper von innen aus. Dann bildet sich in einem kleinen Abstand um deinen Körper herum noch ein goldener Schutz. Diesen Schutz mach dir den ganzen Tag über bewusst.

Die Hexe und ihr Geld

Wozu braucht die Hexe Geld? Sie wird doch mit allem versorgt, denn sie hext sich einfach, was sie braucht … Unsinn, eine moderne Hexe braucht genauso ein allgemeingültiges Tauschmittel wie jeder andere Mensch auch. Die moderne Hexe wird es schwer haben, einen Vermieter zu finden, der sich mit Kräutertinkturen bezahlen lässt, und nicht jeder Lebensmittelhändler ist bereit, Talismane gegen Waren zu tauschen. Hexen haben auch keine Berührungsängste beim Geld, denn sie wissen, dass Geld nichts anderes ist als ein ganz normaler Ausdruck für Kraft und Potenz. Auch hier gilt wieder der Satz des Hermes Trismegistos: „Wie innen, so außen." Eine Hexe, die behauptet, sie sei arm und voller innerer Reichtümer, sagt sicher nicht die Wahrheit. Innerer Reichtum stellt sich im Außen dar. Allerdings handelt es sich vielleicht nicht um einen Reichtum, wie ihn die Gesellschaft definiert. Vielleicht ist die oben erwähnte Hexe bescheiden, doch es wird ihr auch materiell gut gehen. Sie wird wahrscheinlich frei sein von dem Wunsch nach unnützem Tand oder einer Lottomillion. Wozu braucht sie das auch? Aber arm wird sie nicht sein. Die Einstellung der Hexe zum Geld ist unbefangen. Es ist Energie, sonst nichts. Wer Geld ablehnt, fürchtet oder gierig danach ist, hat zweifelsfrei ein Energieproblem und sollte ehrlich zu sich selbst sein (siehe zweite Hexenregel!). Wer aber mit den Mitteln der weißen Magie seinen Energiehaushalt auch hinsichtlich des Geldes in Ordnung halten will, findet viele nützliche Tricks und Hilfen, um seinen inneren Reichtum nach außen zu kehren.

Geld ist Energie, also wertneutral, nicht gut und nicht schlecht. Wenn du Geld ausgibst, mach dir bewusst, dass es sich um eine Umwandlung von Energie handelt. Frag dich auch, ob diese Umwandlung in dem konkreten Fall gut und sinnvoll ist. Nicht immer handeln wir klug. Handeln, das bedeutet sowohl etwas tun als auch Energie umzuwandeln. Aus genau diesem Grund ist der Götterbote Merkur auch zuständig für das Geld. Er galt als der Beschützer der Reisenden und der Händler. Deshalb feiert die Hexe ihre Geldrituale zum Gelingen eines erfolgreichen Handelns am Mittwoch, dem Tag des Merkur. Er wird mit seinen geflügelten Sandalen deinen Willen ins Universum tragen. Um Geld zu mehren, wähle den zunehmenden Mond oder einen Neumond.

Um Schulden abzubauen, wähle einen Vollmondtag oder den abnehmenden Mond. Die beste Zeit für die Geldmagie allgemein ist die Zeit zwischen Ostara (21. März) und Beltane (30. April). Da in dieser Zeit alles zum Handeln in der männlichen Jahreshälfte vorbereitet wird, schadet es sicher nicht, ein wenig Kapital zur Verfügung zu haben. Geht es dir um viel Geld, beispielsweise für ein Projekt, das du ins Leben rufen möchtest, solltest du dich an Jupiter wenden, denn er ist als höchster Gott im Götterhimmel (vergleichbar mit dem keltischen Gott Thor) und für große Angelegenheiten besser geeignet. Allerding ist Jupiter auch launisch und hat die Macht, alles aufzubauen und alles zu zerstören. Jupiter lässt die Menschen im Lotto gewinnen, nur um sie dann sechs Monate später durch ihre eigene Dummheit verarmen zu lassen. Um Jupiter anzurufen, braucht es schon eine gewissen Routine und viele Kenntnisse in der weißen Magie. Seine Farbe ist dunkelblau, sein Kraut der Lorbeer.

Bedürfnisse erkennen

Erkenne, was du brauchst, wenn du dich auf die Geldmagie einlässt. Sie wird nur erfolgreich sein, wenn sie mit deiner inneren Überzeugung im Einklang ist. Wenn du dich grundsätzlich arm und klein fühlen willst, solltest du nicht anfangen, dir Geld im Überfluss zu wünschen oder zu hexen. Was willst du wirklich? Kannst du dir vorstellen, in ein größeres Haus in einer besseren Wohngegend zu ziehen, ein neues Auto zu fahren und für deine Erholungsreise nicht sparen zu müssen? Prima, dann lohnt sich die Geldmagie für dich. Wenn du es aber für sinnvoll hältst, dich mit Bescheidenheit und Mangel zu schmücken, dann lass es lieber, denn dann kannst du keinen Reichtum anziehen. Ich erlebe immer wieder Menschen, die sich viel Geld wünschen und gleichzeitig schlecht über wohlhabende Menschen sprechen. Das passt nicht zusammen. Du bekommst, was in dir ist. Wenn du Geld haben willst, musst du bereit sein, Geld als Energieform zu lieben.

Solltest du Sprüche wie „Geld macht nicht glücklich" oder „Lieber arm und gesund als reich und krank" für richtig halten, dann lass es lieber. Geldmagie bedeutet, du willst reich, gesund und erfolgreich sein, ohne Einschränkungen. Gesteh dir deine Bedürfnisse zu. Verbieg dich nicht, wenn andere Menschen über Sparsamkeit als Tugend sprechen. Distanziere dich vom Armutsbewusstsein und mach dir klar, was du willst. Ich schreibe auf meine Einkaufsliste durchaus auch das neue Auto, wenn ich eines will. Manchmal kann ich nicht alles am gleichen Tag einkaufen, aber ich habe nicht vor, mit meinen Bedürfnissen hinterm Berg zu halten, denn dann kann Merkur sie nicht finden, denn er ist schließlich kein Spürhund, sondern ein Götterbote. Die Botschaft, die er dem Universum überbringen soll, schreibt die weiße Hexe selbst. Also ran ans

Werk, notiere dir, was du bekommen willst, weil du es wert bist. Einen anderen Grund darf es nicht geben, wenn du erfolgreich materielle Werte hexen willst. Bedenke bei deinen Wünschen, dass sie unsinnig werden, wenn sie nicht zu dir passen. Wenn es aber dein Herzenswunsch ist, einmal im Taxi nach Paris zu fahren und dort zehn Paar Schuhe auf einmal zu kaufen, wenn du weißt, dass du dieses Gefühl einmal erleben musst, um dich weiterzuentwickeln, dann wünsch es dir. Denn unter den genannten Bedingungen macht dein Wunsch Sinn. Den Sinn und Unsinn deiner materiellen Entscheidungen kannst nur du allein und vielleicht einige eng Vertraute wahrnehmen. Du kannst dich darauf verlassen, dass das Universum dir einenn unsinnigen Wunsch vielleicht gar nicht erfüllen wird. Und sollte er doch erfüllt werden, dann ist es eine Lektion für dich, die du lernen musst.

Dankbarkeit üben

Viel muss die weiße Hexe nicht tun, um geliebt, gefördert und beschenkt zu werden. Dankbarkeit aber ist eine wichtige Fähigkeit, die die weiße Hexe auf jeden Fall zeigt. Dankbarkeit sollte sich ins Universum richten, gemäß dem Gesetz des Ausgleichs immer dorthin, wo sie gerade gebraucht wird. Aber warum sollte die weiße Hexe dankbar sein? Nun, Magie ist Energiearbeit. Hier geht es um die Umwandlung von Energien. Wir nehmen Energien auf und nutzen sie für unsere Zwecke. Wenn wir uns nicht dankbar zeigen, sind wir eine Sackgasse für alle Kräfte, die in unserem Leben wirken. Dann fließt uns Energie zu und bleibt bei uns haften. Anhaftung uns Festhalten aber sind Prozesse, die sich mit Energiearbeit und Magie nicht vertragen. Wir leben als

Energiekanal, sie fließt in uns ein und wir geben sie umgewandelt wieder ab. Das ist ebenso leicht zu verstehen wie biologische Vorgänge bei der Nahrungsaufnahme. Wir essen und normalerweise verwandeln wir unsere Nahrung dann zu Dünger für andere Lebewesen. Oft vergessen wir den Ablauf von werden, wachsen und vergehen, der immer wieder von vorn beginnt. Wenn wir uns dankbar zeigen, indem wir unserer Umgebung Gutes tun, schaffen wir Platz für neue Energien, die in uns einfließen wollen. Wenn wir zur Sackgasse werden, können wir zwar immer alles behalten, aber es wird alt und abgestanden. Dann sind wir wie ein Milchkrug, der abends mit einem Bodensatz stehenbleibt. Sicher können wir am nächsten Tag frische Milch einfüllen, doch die abgestandene Milch wird die frische ungenießbar machen. Dankbarkeit bedeutet, im Fluss sein mit allen Energien.

Dankbarkeit ist wichtig, um in Bewegung und damit lebendig zu bleiben. Für die Geldmagie ist also wichtig, dass du das Geld nicht horten und anhäufen willst. Geld im Tresor ist keine fließende Energie. Was du nicht ausgeben willst, kannst du dir auch nicht hexen. Und denk nicht, du bräuchtest ein Sicherheitspolter. Wozu? Als Kind der Schöpfung und natürliches Wesen bist du versorgt. Geldmagie ist nicht geeignet, deine Ängste zu betäuben.

Mach dir zur Gewohnheit, täglich zu notieren, was dir zugeflossen ist. Gleichzeitig gib immer etwas ab, was du nicht mehr brauchst. Nur so kannst du das Gleichgewicht halten zwischen Einnahme und Ausgabe. Das Sammelbecken für spätere Notzeiten ist in der Natur nicht vorgesehen. Wer sich verkrampft und sich ängstlich auf schlechte Zeiten vorbereitet, zieht die Not auch an, denn wir schaffen uns immer das Leben, das wir uns denken. Das Bewusstsein für alles, was wir haben, können wir schärfen, indem wir einmal eine Bestandsliste der Möglichkeiten aufstellen, die sich uns bieten.

Ein Ritual zur Dankbarkeit zu feiern, empfehle ich bereits beim Erntefest Lughnasad. Schau dir dieses Ritual noch einmal an, denn du kannst es selbstverständlich auch zu jedem anderen Zeitpunkt feiern. Grundsätzlich ist der Mittwoch der beste Tag für Dankbarkeit, damit Merkur deine Gefühle gen Himmel tragen kann.

Praktische Geldmagie

Hexenwerk ist ein und alles
  Und im Falle eines Falles
Nimm den Geist und schalt ihn ein.
  Die Lösung wird dann sichtbar sein.
Ruf die guten Geister an,
  damit das Licht dir helfen kann.
Geh in dich rein und lass dich raus,
  dein Wunsch geht in die Welt hinaus.
So wird, wenn du ein reines Herz,
  dein Leben ohne Müh und Schmerz.
Vergiss nie zu danken für alles Gute,
  denn sonst wird dir nur wieder elend zumute.

Ans Werk, liebe Hexe, es geht los. Wirf alle Bescheidenheit und alle Vorbehalte weg und wenn es wahrhaftig ist, dass du nun die Geldmagie anwenden willst, dann tu das auch.
Jede Art von falscher Rücksicht ist fehl am Platz, denn Geldmagie geht aufs Ganze. Ermittle genau den Betrag, den du dir hexen willst. Dieses Kapitel ist keine Anleitung für einen kleinen Zeitvertreib, Geldmagie ist in unserer Welt sicher die schwierigste Form der Magie, aber neben der Liebesmagie und der Schutzmagie

auch eine der gefragtesten magischen Praktiken. Jeder wünscht sich mehr Geld, um seine Bedürfnisse besser erfüllen zu können. Du wirst mit deinem Vermögen immer nur dein Inneres energetisches Können abbilden. Das wird leider immer wieder bei Taschenspielereien wie den „Wünschen ans Universum" oder dem oberflächlichen positiven Denken übersehen. Nur, was wirklich in dir steckt, kann auch von dir angezogen werden. Hast du ein Armutsbewusstsein und bist überzeugt davon, niemals zu den großen Tieren gehören zu können, wirst du auch mit einem Geldritual keinen dauerhaften Erfolg haben. Die Schuhe, in denen du gehen willst, müssen dir passen, sonst fällst du auf die Nase. Deshalb ist es wichtig, dass du deine Wünsche hinsichtlich der Geldmagie genau überprüfst. Betrachte zuerst das Thema Schulden. Die meisten Menschen haben Schulden. Sei ehrlich zu dir und erzähle nicht, eine Hypothek oder ein Leasingvertrag für dein Auto hätte mit Schulden nichts zu tun. Das stimmt nämlich einfach nicht. Deine Unterschrift unter Finanzierungsverträge bestätigt, dass du selbst nicht die Kraft hast, das Leben zu führen, dass du gern willst. Und weil du dir deinen Erfolg vorweg nehmen möchtest und deine eigene Kraft nicht richtig einschätzen musst, zahlst du dafür eine Art „Schweigegeld", die Zinsen. Du selbst und jeder andere kann dann deine Potenz höher einschätzen, als sie ist. Aber es bleibt dabei, dass du Gläubiger hast und damit ein Schuldner bist. Ach, ich höre dich jetzt nahezu entrüstet aufschreien. Doch sei ehrlich zu dir selbst, nur dann kann es auch mit der Geldmagie klappen. Wenn dein Äußeres dein Inneres abbildet, musst du nach der inneren Ursache für deine Schulden suchen. Wo liegt ein Schuldgefühl begraben? Nur wer seine eigene Unschuld begreift, kann auch in materiellen Dingen erfolgreich sein. Und du bist wahrscheinlich unschuldig. Mach dir bewusst, dass es kaum möglich ist, dich schuldig zu machen. Meist sind unsere Schuldgefühle durch

Prägung und Erziehung entstanden. Doch wir sind nicht schuld an unserer Geburt und auch nicht schuld daran, dass die Ehe unserer Eltern nicht glücklich war. Auch sind wir selten schuld daran, dass wir Lieblingskinder waren oder schlecht in der Grundschule. Schuldgefühle zu erzeugen, ist eine gute Waffe, um einen Menschen gefügig zu machen. Doch die weiße Hexe ist frei und lässt auch andere in Freiheit leben. Erfasse und begreife deine Unschuld, damit Schulden aus deinem Leben verschwinden können. Wenn du glaubst, bereit dafür zu sein, führe das folgende Ritual durch.

✪ *Ritual für das Loslassen von Schuld und Schulden*

Ritualtag: Mittwoch bei abnehmendem Mond

Ritualgegenstände: Schutzkerze, violette Ritualkerze, Kerzenlöscher, getrockneter Lavendel, Räucherschale und Räucherkohle, Kelch mit Salz, Schale mit Wasser, Pentagramm, Ritualdolch

Reinige dich und alle Gegenstände, bevor du mit dem Ritual beginnst. Feiere dieses Ritual möglichst im Freien und sorge dafür, dass du ungestört bist.

Stelle deine Ritualgegenstände auf und ziehe mit dem Dolch gegen den Urzeigersinn einen Schutzkreis um dich und deinen Ritualplatz. Hebe deine Arme zum Himmel und rufe dir Helfer herbei: „Ihr Kräfte des Universums, Lichtwesen und Urwesen, steht mir bei in meinem magischen Werk und helft, es gelingen zu lassen."

Zünde erst deine Schutzkerze an und danach deine Ritualkerze. Sprich dann den folgenden Zauberspruch:

„Merkur, dir übergebe ich alles, was mich bindet –
Du nimmst es mit dir nach oben –
Ich schau ihm nach und weiß, dass es entschwindet –
Für deine Hilfe will ich dir danken und meine Freiheit loben."

Streu einen Teil des Lavendels auf die Räucherkohle, einen Teil in den Kelch mit Salz. Dem Rauch, der zum Himmel steigt, widme nun deine Aufmerksamkeit. Es ist wichtig, dass deine Gedanken ihn bis ins Universum begleiten und du sehen kannst, wie deine Schuldgefühle und Schulden mit dem Rauch aufsteigen und aus deinem Leben verschwinden. Fühle die Freiheit in dir und erspüre, wie es sich anfühlt, wenn du von deinen Schulden befreit bist. Lege Räucherwerk nach, so viel du brauchst. Wenn die Kohle verglüht ist, entlass die hilfreichen Wesen, die dir zur Seite standen: „Ihr Kräfte des Universums, Lichtwesen und Urwesen, ich danke euch für euren Beistand in meinem magischen Werk und für eure Hilfe, es gelingen zu lassen."

Lösche die beiden Kerzen mit dem Kerzenlöscher und öffne den Schutzkreis, indem du ihn mit dem Dolch im Urzeigersinn auflöst. Jetzt nimm den Kelch mit Salz und Lavendel und reib dich unter der Dusche mit dieser Mischung ab. Betrachte, wie alle bindenden Energien sich von dir lösen und mit dem Wasser abfließen.

Hexentipp

Manchmal ist es gar nicht ein großes Ritual, das die Geldsorgen mindern kann, manchmal muss die Hexe sich einfach nur konzentrieren, wenn es um die Ausgabenplanung geht. Führe eine Ausgabensperre ein. Einen Tag im Monat oder gar einen Tag in der Woche gibst du einfach kein Geld aus. So kommst du in den Kontakt zum Überfluss, der uns normalerweise umgibt. Es ist meist noch etwas zu essen im Haus, das kurz vor dem Verfallsdatum ist. Auch ein Ritual mit der Bitte um Bescheidenheit lässt sich gut ausführen, wenn es in der Kasse eng wird. Hierfür wählst du den Samstag, der dem Saturn geweiht ist.

✪ *Ritual um Bescheidenheit*

Bereite dich vor, indem du zuerst deinen Körper und deine Ritualgegenstände reinigst. Dann reinigst du deinen Geist. Nimm dir mindestens 30 Minuten Zeit, um nichts zu tun, als auf deinen Atem zu achten. Stelle deine Ritualgegenstände bereit, bereite deinen Altar mit den Symbolen für die vier Elemente Feuer, Erde, Wasser, Luft. Als Räucherung brauchst du Basilikum. Setze dich jetzt vor deinen Altar auf den Boden. Entzünde deine Schutzkerze und rufe die Schutzgeister herbei:
„Kräfte des Lichts und der Kraft, die Ihr im Feuer wohnt, ich rufe Euch herbei! Kräfte des Lichts und der Liebe, die Ihr im Wasser wohnt, ich rufe Euch herbei! Kräfte des Lichts und der Stärke, die Ihr in der Erde wohnt, ich rufe Euch herbei! Kräfte des Lichts und der Klarheit, die Ihr in der Luft wohnt, ich rufe Euch herbei!"

Gib Räucherwerk auf die Räucherkohle und sprich den folgenden Zauberspruch:
„Heute will ich bei mir sein und nichts soll mich trennen von mir. Jeder Tand von Menschenhand bleibt draußen, heut leb ich innen, nicht außen. So sei es! So sei es! So sei es!"
Entlasse die Kräfte und atme tief aus und ein, wenn du das Ritual beendet hast. Gewöhn dir an, dir eine Hand auf den Solarplexus zu legen, wenn Begierde dich erfasst. Brauchst du das wirklich oder willst du es nur haben?

✪ *Affirmationen, um Geldnot zu mindern*

Manche Hexen sind einfach in Geldnot. Da ist das unbestimmte Gefühl, das mit dem eigenen Geld irgendetwas nicht stimmt. Sie fühlen sich unsicher und haben eine unbestimmte Angst, wenn es um Geld geht. Es kann sein, dass es gar nicht an Geld fehlt, sondern das Geld belastet allein durch seine Existenz. Geldnot können

Menschen mit viel Geld haben oder auch Menschen, die um ihre wirtschaftliche Existenz fürchten. Es liegt an der Einstellung zum Geld, wer Geld nicht annehmen kann, den wird es quälen. Die folgenden Affirmationen können dir helfen, einen besseren Blick auf das Geld zu bekommen.

- Geld ermöglicht mir sinnliche Erfahrungen.
- Mit Geld kann ich meiner Kreativität die Türen öffnen.
- Durch die universellen Gesetze wird mir immer wieder Geld zufließen.
- Geld ist fließende Energie und ich bin ein Kanal.
- Wohlstand und Überfluss sind ganz natürliche Zustände.

Diese Affirmationen verändern den Blick auf das Geld. Geld ist nicht wichtiger als Brot und nicht schlechter als ein Buch. Geld ist Geld. Es steht in einer Kette aus Energieumwandlungen. So kann ich aus Gedanken Geld machen, aus dem Geld einen Blumenstrauß für eine Freundin. Die schenkt mir dafür Theaterkarten. Ich erhalte im Theater Impulse für eine Story und verkaufe diese für Geld. Es geht aber auch ganz anders: Ich mache in einer Beratungssitzung Zeit und Wissen zu Geld, das Geld zu einem Spielzeug für meinen Sohn, mein Sohn bringt mir seinen Dank entgegen und dieser Dank macht mich glücklich. Das Glück gebe ich an meinen Partner weiter, der dadurch motiviert ist, mir eine Halskette zu schenken. Denke an das Märchen vom Hans im Glück. Nur durch Naivität hat er sich heruntergewirtschaftet. Hätte er den Verstand genutzt, wären sicher ganz andere Gewinne aus seinen Tauschgeschäften zu erzielen gewesen. Tausch dich in Gedanken doch einfach mal zu deinem Ziel. Was hast du? Zeit? Wissen? Platz oder eine Idee? Zieh in die weite Welt hinein und tausche so lange, bis du deinen persönlichen Goldklumpen hast.

❂ *Ritual für ein gutes Einkommen*

Viele Menschen möchten ihr Geld mit einer Arbeit verdienen. Das ist ganz normal, denn die Arbeit kann uns ein Gefühl von Sinn und Bedeutung im Leben geben. Einfach nur Geld haben bedeutet schließlich noch lange nicht, Anerkennung zu finden oder eine Wirkung zu erzielen. Wenn du zu denen gehörst, die Geld selbstverständlich mit Berufstätigkeit verbinden, dann ist das folgende Ritual für dich genau richtig.

Du nutzt einen Donnerstag bei zunehmendem Mond, vorzugsweise im März oder April. Deine Ritualgegenstände sind die Zeichen für die vier Elemente, der Kelch und die Schutzkerze sowie drei rote Ritualkerzen und eine Kerze in Orange. Als Räucherwerk benötigst du Basilikum, Eichenrinde und Lorbeer. Reinige dich und alle Gegenstände gründlich mit Salz.

Bereite deinen Geist auf das Ritual vor, indem du die folgende Affirmation mindestens zehn Minuten lang halblaut sprichst:

„Ich arbeite gern und gut und werde dafür gut bezahlt."

Nun ziehe einen Kreis mit Salz um dich und deinen Altar herum, nachdem du die Utensilien aufgebaut hast. Zünde die Schutzkerze an. Rufe jetzt die vier Wächter an: „Ihr Wächter des Nordens, ich rufe Euch um Eure Kraft an. Ihr Wächter des Ostens, ich rufe Euch an um Euer Licht. Ihr Wächter des Südens, ich rufe Euch an um Euer Feuer. Ihr Wächter des Westens, ich rufe Euch an um Euren Schutz." Zünde die drei roten Kerzen nacheinander an. Bei der ersten visualisierst du , wie dein Körper deine Arbeit verrichtet, bei der zweiten stellst du dir vor, wie gut es deiner Seele dabei geht, und bei der dritten Kerze stellst du dir den geistigen Teil deiner Arbeit vor. Dann zündest du die orangefarbene Kerze an und sprichst Folgendes: „Jupiter, Kraft des Erfolgs und der Stärke! Erleuchte in mir mein Können, auf dass die Freude ich merke und andere Wohl-

stand mir gönnen. So sei es! So sei es! So sei es!" Während du deinen Spruch ins Universum schickst, gibst du Räucherwerk auf die Räucherkohle. Jetzt sprich deine Affirmation, damit sie mit dem Rauch in den Himmel steigen kann.
Wenn du das Ritual beenden möchtest, lösche die Kerzen und entlasse die Wächter mit dem folgenden Spruch: „Ihr Wächter des Nordens, ich danke Euch für Eure Kraft. Ihr Wächter des Ostens, ich danke Euch für Euer Licht. Ihr Wächter des Südens, ich danke Euch für Euer Feuer. Ihr Wächter des Westens, ich danke Euch für Euren Schutz."
Wenn die Kerzen nicht heruntergebrannt sind, dann zünde sie in den folgenden Tagen täglich an und sprich deine neue Affirmation dabei, bis von den Kerzen nichts mehr übrig ist.

Zum Abschluss dieses Kapitels der reinen Geldmagie kannst du ein Ritual feiern, dass dir Goldsorgen für alle Zeiten vom Leibe hält. Es wirkt aber nur, wenn du damit leben kannst, dass Geldsorgen der Vergangenheit angehören. Damit verdirbst du dir auch die Chance, von Mangel und Sorgen zu sprechen, und du gehörst nicht mehr in den Kreis der ewig Klagenden. Außerdem musst du dich für dieses Ritual aus der Solidarität mit der Armut lösen und bereit sein, ein vollkommen neues Leben zu leben, denn das Leben in Not ist nun mal nicht ein Leben im Überfluss.

❂ *Ritual für dauerhaften Wohlstand*

Du brauchst für dieses Ritual deine Altargegenstände und zusätzlich Sägespäne und Holzleim, Papier und ein Foto von dir. Holzspäne symbolisieren dabei die Lebendigkeit. Bereite deinen Altar vor, nachdem du dich und deine Gegenstände gereinigt hast. Zünde die Schutzkerze an und ziehe einen Schutzkreis aus Sägespänen um dich herum, einige Sägespäne behältst du zurück. Jetzt zeichne mit

viel Holzleim einen Menschen auf das Papier. Klebe das Foto von dir als Kopf auf. Danach nimmst du die Sägespäne in die Hand und schließt deine Augen. Streu mit der Hand die Späne auf das Blatt, sodass sie am Leim hängen bleiben und sprich:
„Alles soll sich bewegen, doch Wohlstand soll an mir kleben. Niemals will ich sparen, nie mehr verzichten auf Waren, die mir Herz und Verstand erfreuen. Das Universum soll stets Geld auf mich streuen. So sei es! So sei es! So sei es!"

Lösche die Schutzkerze und fege den Schutzkreis zusammen. Du darfst ihn aber nicht wegwerfen, er ist wichtig und sollte irgendwo im Haus aufbewahrt werden. Du kannst die Späne beispielsweise unter die Blumenerde von einem Geldbaum mischen. Das Ergebnis dieses Rituals, das Bild, hängst du am besten irgendwo auf, wo du es immer sehen kannst.

Wenn du nach all der Geldmagie jetzt noch die Muße hast, ein großes Geldritual zu feiern, lege ich dir das folgende ans Herz. Es ist wegen seiner Präsenz im Leben besonders wirkungsvoll. Besorg dir dazu einen Blumentopf aus Ton und frische Erde sowie eine Efeupflanze. Zudem brauchst du noch sieben einzelne Euromünzen. Pflanze den Efeu liebevoll in den Topf und lege die sieben Münzen auf einen Tisch. Entzünde eine weiße Kerze. Gib der Pflanze Wasser und sprich: „Feuer, Wasser, Erde, Luft – aus euch Elementen soll Wohlstand entstehen und auf freien Füßen will ich fortan gehen. So sei es! So sei es! So sei es!"

Am *Sonntag* beginnst du und nimmst eine Münze, steckst sie in den Topf, und sprichst dabei: „Sonne gib mir deine Kraft, damit sie mir den Wohlstand schafft!" Einige Krümel der Erde legst du nun in deinen Geldbeutel.

Montag kommt die nächste Münze an die Reihe. Sprich dabei: „Mond, bring den Reichtum ans Licht – hinweg fege allen Verzicht!"
Dienstag: „Mars, mach dass ich gewinne und schärfe für Wohlstand meine Sinne."
Mittwoch: „Du Götterbote Merkur steig hinunter zu mir und zeige mir Wohlstand, ich danke es Dir."
Donnerstag: „Jupiter, du Göttervater, sei gnädig und mild – lass wachsen den Wohlstand für mich, bis mein Bedürfnis gestillt."
Freitag: „Venus, deine Harmonie will ich im Herzen tragen und den Mut zum Wohlstand will ich wagen."
Samstag: „Saturn, heute will ich mich beschränken und auch an andere Geschöpfe denken." Diese siebte Münze steckst du nicht in den Topf, sondern du verschenkst sie!

Am Sonntag pflanzt du dein Efeu neu ein, die verbleibenden sechs Münzen legst du wieder auf den Tisch. Nun geht alles wieder von vorn los, aber du verschenkst in der zweiten Woche die Venusmünze und am Tag des Saturn, also am Samstag, denkst du dir etwas Nettes für einen anderen Menschen aus.
Das geht sieben Wochen lang, jeweils eine Münze wird verschenkt, immer mit Liebe und Wohlwollen im Herzen. Die münzfreien Tage nutzt du, um einem Menschen eine Freude zu machen, die nichts mit Geld zu tun hat.

Die Hexe und ihre Familie

Nicht alle, aber viele Hexen leben in Familien. Oft sind sie unbemerkt in die Rolle der Ratgeberin und der Helferin in der Not geschlüpft. Die Familie ist für Hexen etwas Heiliges, denn sie spiegelt den seelischen Innenraum der Hexe wider. Denken wir an die Krippe zur christlichen Weihnacht, verstehen wir besser, was damit gemeint ist. Wie innen so außen – die oberste Erkenntnis der weißen Hexen, lässt klar erkennen, dass auch meine Familie ein Spiegelbild meiner eigenen inneren Vorgänge ist. Wie also könnte eine Hexe ihre Familie nicht zu schätzen wissen? Wenn die Hexe allerdings im Innern nicht mehr mit ihrer Familie verbunden ist, sind ihr wahrscheinlich andere Weggefährten zur Seite gestellt. Freunde und Hexenschwestern oder -brüder sind ihr dann sehr wichtig geworden und sie fühlt sich mit ihnen tief in der Seele verbunden.

In diesem Fall sollte sich die Hexe von ihrer Blutsverwandtschaft lösen, aber in Frieden und in der Überzeugung, dass es für alle das Beste ist. Schließlich sind alle Menschen mit allen anderen Lebewesen in der Weltenseele verbunden. Solange aber noch Konflikte schwelen oder gar Gefühle von Hass, Wut oder Trauer vorhanden sind, ist die Zeit für die Trennung noch nicht gekommen. Auch negative Gefühle sind starke Gefühle und binden die Menschen aneinander. Die weiße Hexe wird also erst dann einen Kontakt beenden, wenn Frieden herrscht, und sie wird keinen Kontakt aus Gewohnheit aufrechterhalten, der keine Lebendigkeit mehr enthält. Für die Hexe bedeutet Familie im weiteren Sinne die Gemeinschaft, mit der sie sich zeitweise gemeinsam auf demselben Weg befindet. Wichtige Aspekte in der Familie – im engeren und weiteren Sinne – sind immer Geburt und Tod. Auch Hochzeiten und Geburtstage stellen wichtige Ereignisse dar. Zu diesen Anlässen kann die weiße Hexe auch ganz für sich weiße Magie betreiben, wenn sie weiß, dass sie damit in der Verwandtschaft oder bei Freunden und Bekannten nicht gut ankommen würde. Aber natürlich nur so weit, dass die Magie die freie Willensentscheidung der anderen nicht beinflusst.

Abschied nehmen

Wir müssen damit leben, dass Menschen sterben, die uns in unserem Leben viel bedeutet haben. Manchmal ist es für uns Hinterbliebene schwer, Abschied zu nehmen. Beerdigungen sind häufig gar nicht dafür geeignet, sich in aller Ruhe zu trennen. Doch müssen wir den anderen loslassen. Er will seinen Weg in aller Ruhe gehen und nicht von uns gehalten werden. Ein schöner Abschied ist, den verstorbenen symbolisch dem Wasser zu überantworteten, damit er zurück zur Quelle findet. Hierfür schreibe seinen Namen mit Tinte auf ein Blatt Papier und gib ihm Gegenstände für jedes Element mit. Außerdem schreibst du ihm noch deine Wünsche für seine Reise auf und packst alles in ein weiteres Blatt Papier ein. Dann lege alles in eine Schüssel mit Wasser und rühre bei Kerzenschein so lange, bis die Tinte nicht mehr lesbar ist. Das Wasser schüttest du danach entweder in einen Fluss, einen Bach oder zur Not auch einfach auf eine natürliche Fläche, damit es seinen Weg zurück ins Universum findet. Wenn du dabei geweint hast, sind auch deine Tränen und deine Gefühle dabei. Das verbindet euch, doch darüber hinaus seid ihr beide frei.

❂ *Magische Geschenke zur Hochzeit*

Es gibt viele Möglichkeiten, einem frisch getrauten Paar etwas von bleibendem magischen Wert zu schenken. Besonders schön ist ein Geschenk, das dem Paar die Anwesenheit der Elemente garantiert. Suche frische Birkenzweige, aus denen du einen Kranz windest. Arbeite mit Bastschleifen Federn für das Element Luft ein. Dann bindest du für das Element Feuer Eicheln ein, denn die Eiche steht im Pentagramm für das Feuer. Für das Wasser kommen ein oder mehrere Stücke Weidenrinde hinzu und für die Erde getrocknete Blüten. Jetzt hast du noch die Möglichkeit, den Kranz zu schmücken. Besonders schön sind kleine Papierröllchen, auf die du deine guten Wünsche für die Zukunft des Paares schreibst. Wenn du mit deinem Kranz fertig bist und das Ergebnis dich zufriedenstellt, halte ihn über eine Räucherung aus Rosenblättern, Vanille und Lavendel, um ihn mit dem Geist der Liebe aufzuladen. So hast du einen bleibenden Gruß hergestellt, der sicher als Deko und Erinnerung in Ehren gehalten wird und gleichzeitig für eine liebevolle Atmosphäre sorgt.

❂ *Magische Flasche für ein Liebespaar*

Magische Flaschen sind ein sehr alter Zauber. Sie enthalten positive Energien und geben diese per Schwingung an ihre Umgebung ab. Für ein Liebespaar oder zur Hochzeit besorge dir eine besonders hübsche Glasflasche. Außerdem brauchst du als Füllung Ethanol (aus der Apotheke). In die magische Flasche gibst du eine Vanilleschote, Eichenrinde, Rosenblätter und – falls vorhanden – etwas Kupfer für die Venus, denn sie liebt dieses Metall besonders. Ein Rosmarinzweiglein kommt zum Schluss in die Flasche. Fülle nun alles mit Ethanol auf. Verschließe die Flasche fest und verziere sie mit Bändern und Schleifen. Wenn du zufrieden mit deinem Werk bist, bereite eine Räucherung aus Basilikum, Salbei und Rosmarin

zu. Denke voller Liebe und Wärme an die beiden Partner und visualisiere sie in inniger Umarmung und warmer Vertrautheit. Lass das Bild in dein Herz wandern und dort von deiner eigenen Liebe für die beiden umfließen. Jetzt lege deine Hände um die Flasche. Das Bild fließt nun aus deinem Herzen über deine Schultern durch deine Arme und deine Hände in die Flasche hinein.
Wenn du die Flasche verschenkst, weise das Paar darauf hin, dass die Flasche einen schönen Platz bekommen muss und nicht geschüttelt werden darf! Magische Flaschen halten nicht ewig. Normalerweise merkt man, wenn sie ihre Wirkung verloren haben. Dann muss man sie erneuern. Es besteht aber keine Gefahr für die Liebe, aber auch die sollte hin und wieder erneuert werden.

Schutzrune für das neue Heim eines jungen Ehepaares

Suche einen Buchenzweig und säge eine flache Scheibe davon in einer Nacht bei zunehmendem Mond ab. Ritze mit einem spitzen Gegenstand die Rune Eolx ᛉ hinein. Sie sieht aus wie eine schützende Hand. Binde ein Lederband kreuzweise um die Rune und lade sie über einer Räucherung aus Buchen- und Ahornrinde, vermischt mit Basilikum, auf. Diese Rune kann zum Schutz von Haus und Hof am Eingang aufgehängt werden.

Magische Geschenke zur Geburt

Wenn ein Kind geboren wird, zeigt sich ein Gedanke Gottes auf der Erde. Der junge Erdenbürger hat einen langen Weg vor sich. Sein Ziel ist, zu sich selbst zu finden und in innerer Harmonie zur Quelle zurückzukehren. Doch zwischen dem Anfang und dem Ende dieser Reise liegt eine lange Zeitspanne, die wir ihm möglichst glücklich und beschützt wünschen. Schenk dem Kind einen Strauß aus getrockneten Rosen und Zweigen, die die Elemente wiedergeben: Weide, Esche, Ahorn und Eiche sind die vier magischen Bäume.

Schmücke den Strauß mit 13 guten Wünschen, als da wären Glück, Gesundheit, Freude und so weiter. Die Wünsche schreibst du bei einem Jungen auf rotes, bei einem Mädchen auf dunkelblaues Papier. Mach in die Mitte jedes Papierstückes ein Loch und zieh es über die Stile der getrockneten Rosen bis unter den Blütenkopf. Dann bindest du noch ein schneeweißes Schleifchen darunter. Solch ein Straus sieht wunderschön aus und kann lange als Glücksbringer im Kinderzimmer hängen. Wenn du zusätzlich noch Geld verschenken willst, kannst du zusammengerollte Geldscheine an das Sträußchen binden.

Vielleicht machst du auch den Eltern eine Freude, wenn du ein Klangspiel herstellst, das vor dem geöffneten Fenster Töne erzeugt. Es hält schädliche Energien und auch Energieblockaden vom Kind fern. Wähle Buchenholz, denn die Buche gilt als Schutzbaum. Kauf dir entweder kleine Klangstäbe oder nimm Buchenstäbe, die allerdings sehr leise sein werden. Du kannst aber auch Glöckchen verwenden. Schmücke das Klangspiel mit Bändern in allen Regenbogenfarben, um das Licht auch an dunklen Tagen einzufangen. Weil sehr viele junge Eltern gern personalisierte Geschenke für ihre Sprösslinge haben, kannst du mit dem Brennpeter (oder einem Lötkolben) auf die Buchenhölzer den Namen, den Geburtstag, Größe und Gewicht des Kindes schreiben. Der Magie gegenüber positiv eingestellte Eltern freuen sich sicher auch über ein Runenmobile oder eine magische Flasche fürs Kind.

❂ *Magische Geschenke zum Geburtstag*

Ein Mensch feiert seinen Geburtstag und damit feiert er sein Leben. Es ist Unsinn, Geburtstage nicht feiern zu wollen. Meist geht diese Einstellung mit Minderwertigkeitskomplexen oder fehlender Selbstbehauptung einher. Ganz gleich, ob ein Mensch seinen

Geburtstag feiert und dich einlädt oder nicht: Schenk ihm etwas! Vielleicht verzichtet er ja nur auf eine Feier, weil er glaubt, niemandem wichtig zu sein. Besonders schön finde ich es, jemandem seinen „Geburtsbaum" zu schenken. Das geht entweder in Natura oder per Bild, Foto, gestickt oder Ähnliches. Vielleicht ist es auch nur ein getrocknetes Blatt des Baumes, in dessen Monat er geboren ist. Die Sitte mit den Geburtsbäumen und dem Baumhoroskop ist nicht wirklich magisch, sie stammt vielmehr aus der Neuzeit, doch uns moderne Hexen soll das nicht stören.

Im Folgenden findest du die einzelnen Bäume und ihre Daten. Suche noch einige mythologische Geschichten zum betreffenden Baum heraus und lege sie auf hübschem Papier geschrieben dem Geschenk bei.

Apfelbaum	23.12. - 01.01.	25.06. - 04.07.
Tanne	02.01. - 11.01.	05.07. - 14.07.
Ulme	12.01. - 24.01.	15.07. - 25.07.
Zypresse	25.01. - 03.02.	26.07. - 04.08.
Pappel	04.02. - 08.02.	01.05. - 14.05.
	05.08. - 13.08.	
Zeder	09.02. - 18.02.	14.08. - 23.08.
Kiefer	19.02. - 28./29.02.	24.08. - 02.09.
Weide	01.03. - 10.03.	03.09. - 12.09.
Linde	11.03. - 20.03.	13.09. - 22.09.
Haselnuss	22.03. - 31.03.	24.09. - 03.10.
Eberesche	01.04. - 10.04.	04.10. - 13.10.
Ahorn	11.04. - 20.04.	14.10. - 23.10.
Nussbaum	21.04. - 30.04.	24.10. - 02.11.
Kastanie	15.05. - 24.05.	12.11. - 21.11.
Eibe	03.11. - 11.11.	

Esche	25.05. - 03.06.	22.11. - 01.12.
Hainbuche	04.06. - 13.06.	02.12. - 11.12.
Feigenbaum	14.06. - 23.06.	12.12. - 21.12.
Birke	24.06.	
Buche	22.12.	
Olivenbaum	23.09.	
Eiche	21.03.	

❂ *Orakelkiste*

Eine andere magische Geschenkidee zum Geburtstag ist die Orakelkiste. Verziere eine kleine Kiste mit magischen Symbolen wie Pentagramm und Spirale und lege eine oder mehrere Kerzen hinein. Dann schreib auf einzelne Zettelchen verschiedene Lebensqualitäten wie Tatkraft, innere Ruhe, Weisheit etc. Wenn der Beschenkte im kommenden Lebensjahr Trost, Hilfe oder neue Lebensimpulse braucht, kann er ein Zettel ziehen und mit Hilfe der Kerze eine Weile über den Impuls sinnieren. So hat er eine Art persönliches Orakel. Wenn dir die verschiedenen Impulse zu schwer zu finden sind, mach dir die Mühe und wähle berühmte Zitate aus, die erfreuen, ermutigen und gleichzeitig Weisheit enthalten.

❂ *Magische Tröster*

Kummer und Sorgen kommen immer wieder vor, solange ein Mensch lebt. Deshalb verfügen wir auch in der weißen Magie über eine kleine Auswahl an Tröstern.

❂ *Bei großem Verlust*

Wenn jemand einen großen Verlust erlitten hat, sollte er ein Thymian-Lemmongras-Öl geschenkt bekommen. Dieses ätherische Öl hilft dabei, Sorgen besser ertragen zu können. Mische 200 ml Distelöl und je 15 Tropfen ätherisches Thymian- und Lemmongras-Öl.

Gib die Flüssigkeit in eine hübsche Flasche und verziere sie mit Schleifenband. Dieses Öl kann der Traurige nutzen, um sich die Hände einzuölen. Schenke ihm den folgenden Spruch dazu:
„Kummer und Sorgen vergehen, verwehen
Im Rad des Lebens, im Wandel der Zeiten
Die traurige Zeit sollst du überstehen
Dann kann das Leben dir wieder Freude bereiten."

❂ *Sorgenkiesel*

Wenn Kinder Sorgen haben, wünschen sie sich in erster Linie, diese Sorgen loszuwerden. Schenke einem Kind, zum Beispiel vor einer neuen Lebensphase (Einschulung, neues Geschwisterchen etc.) ein hübsches Kästchen mit Kieselsteinen. Erkläre dem Kind, es möge bei Kummer einen Kieselstein in die Hand nehmen und den Kummer dort hineinfließen lassen. Dann, wenn das Herz leer und der Stein voll ist, soll es den Stein wegwerfen. Wenn du es besonders hübsch machen möchtest, malst du mit einem Lackstift vorher noch auf jeden Stein ein Pentagramm. Erkläre dem Kind, dass die Erde – und Steine sind ein Stück Erde – wie eine liebevolle große Mutter alle Sorgen ihrer Kinder aufnimmt. Selbstverständlich wirkt diese Alltagsmagie auch für Erwachsene.

❂ *Trostverse*

Möge die Göttin dich halten und
der liebende Gott für dich walten,
auf dass deine Sorgen vergehen und
neue Lichter entstehen.

Mögen die Sterne dich finden und
Glückskräfte sich an dich binden,
auf dass trübe Tage vergehen und
neue Lichter entstehen.

Mögen die Bäume dich wiegen und
Früchte dir zu Füßen liegen,
auf dass trübe Tage vergehen und
neue Lichter entstehen.
Mögen die Wasser dich tragen und
fortspülen quälende Fragen,
auf dass trübe Tage vergehen und
neue Lichter entstehen.

Du, Schöpfungskind, ich seh deine Not,
doch dir, Schöpfungskind, droht nicht der Tod.
Ein Anfang erwartet dich, denn der Kreislauf ist ewiglich
und was dir heute vergangen, woran dein Herz hat gehangen,
ist Grund, um wieder anzufangen,
so wie schon die Alten sangen.

Das Lied vom stetigen Fließen,
vom Sähen, üppigen Sprießen,
vergehen und wieder neu entstehen
um immer wieder Leben zu sehen.

✪ *Verse für die Liebe*

Wenn zwei sich öffnen für der Liebe Glück,
dann sei versperrt der Weg zurück.
Sie sollen nun gemeinsam gehen,
zu sich und ihrer Liebe stehen.
So sei vollbracht der Götterwille
zu ihrer Freude in Feier und Stille.

Zwei wie Sonne und Mond
In deren Herzen die Liebe wohnt
Ziehen nun gemeinsam ihre Bahn
Und keine Sekunde sei vertan
Die Liebe soll wachsen und gedeihen
Soll zusammenbinden zu einem aus zweien

Liebe ist Magie
Magie ist wahre Liebe.
Eure Bindung ende nie
Sei nie ersetzt durch Triebe.
So sei es! So sei es! So sei es!

Diesen Spruch schreibst du am besten mit Feder und Tinte auf ein Stück Pergament, das du zu einem kleinen Päckchen faltest. Binde eine hübsche Kordel um das Papier und wenn möglich versiegle es mit einem Pentagramm, mindestens aber mit dem Wachs einer grünen Kerze. Dann lädst du das Päckchen über einer Rosenräucherung mit der Kraft der Venus auf. Das Paar soll diesen Knotenzauber im Schlafzimmer aufbewahren, um die Magie der Liebe auch in der körperlichen Begegnung zu erhalten.

Verse zum Geburtstag

Geburtstagkarten sind meist einfältig und wer einem Geburtstagskind etwas wirklich Persönliches schenken will, der macht sich die Mühe, etwas Passendes zu finden. Das ist oft gar nicht so leicht. Vielleicht setzt du dich selbst rechtzeitig hin und schreibst dem lieben Menschen ein kleines Gedicht. Wenn dir dazu die Fantasie oder die Zeit und die Lust fehlen, dann nutze eines der vorgeschlagenen kleinen Gedichte:

Geburtstagsgruß nach Hexenart
Da wird nicht an Musik gespart
und Trommeln, Flöten, Rasselklang
wir freuen uns im Überschwang!
Dass du zur Welt gekommen bist,
vor Jahren, pünktlich, in der Frist,
denn heute genau wirst du gebraucht
als Mensch, der nach der Weisheit taucht.
Die Göttin führt Dich an der Hand,
der Gott zeigt Dir so manche Wand,
doch mit ihrer Liebe und Licht,
wirst du gewinnen, vergiss das nicht.
Bist eine Saat auf der Schöpfung Acker,
wachse, gedeihe und halte dich wacker.
Die Ernte ist nun nicht mehr fern,
lieber Mensch, ich hab Dich gern!

Mond und Sonne fanden sich
und beide gemeinsam erdachten dich.
Sie gaben Liebe und Freiheit dazu
und schließlich lehrten sie dich ein DU
und ein ICH und ein WIR.
Sie fügten hinzu der Elemente vier
und so wurdest du gemacht.
Sicher haben die beiden an etwas Wunderbares gedacht!

Partnerschaft

Oh Venus steig zu uns herab
Bring Liebe mit und Harmonie
In diesem Leben such ich sie
Weil ich so große Sehnsucht hab.

Und wenn du dann der Menschen Art
Erblickst mit all den weichen Herzen
Angefüllt mit Leid, mit Schmerzen
Gib Acht auf deine Anmut zart.

Es kann geschehen, dass man dich
Ohne zu erkennen,
Ohne einen Grund zu nennen
Verletzt und schändet, fürchterlich.

Doch deine Liebe, ohne Schuld
Weist alle Angst von dir zurück
Du bist so angefüllt mit wahrem Glück
Und heilst die Menschen mit Geduld.

So komm herab in meinen Arm
Und bringe deine Gaben mit
Lass mich vergessen, wie ich litt
Und ich versprech, ich halt dich warm.

Wie die meisten Menschen wünschen sich auch viele weiße Hexen, die allein leben, eine Partnerschaft. Wenn eine weiße Hexe eine Partnerschaft mit einem „normalen" Menschen eingeht, kann es zu gewissen Konflikten kommen. Wie wird das Paar es mit der Frage der Hexenfeste halten? Und was, wenn seine

Rituale ihr auf die Nerven gehen? Zuerst ist klar: Hexen missionieren nicht. Das haben sie gar nicht nötig, denn der Geist der weißen Magie weht ohnehin unauslöschlich überall. Die Wahrheit wird schon wissen, wo und wann sie wirken will. Schwierig wird es nur, wenn der Partner die Handlungen der Hexe boykottiert, verlacht oder nicht dulden will. Dann sollte wirklich noch einmal geprüft werden, ob es sich um den richtigen Partner oder die richtige Partnerin handelt. Denn dann geht es nicht um weiße Magie, sondern um Respekt und Achtung. Diese Werte sollten in jeder Zweisamkeit ganz oben stehen. Was kann die weiße Hexe unternehmen, um im Bereich Partnerschaft erfolgreich und glücklich zu sein? Die folgenden Anregungen helfen sicher über die eine oder andere Hürde hinweg.

❂ *Kerzenzauber, um einen Partner zu finden*

Besorge dir für diesen Kerzenzauber eine rosarote, eine orangefarbene und eine blutrote Kerze. Außerdem brauchst du ein Stück Pergamentpapier, Feder und Tinte und jeweils ein Stück silberne und goldene Kordel. Such dir einen Freitag bei zunehmendem Mond aus und nimm dir um 17 Uhr die Zeit für deinen Kerzenzauber.

Wenn du ruhig und entspannt bist, kannst du den Kerzenzauber beginnen. Visualisiere dich in der liebevollen Begegnung mit einem anderen Menschen. Er soll dir bisher nicht bekannt sein. Dieses Bild halte fest, während du die rote Kerze anzündest. Sprich dabei: „Liebe von der Erde, Kraft der Geschlechter, trete in mein Leben." Dann entzünde die orangefarbene Kerze und sprich: „Durch die Lust von zweien, soll die Liebe gedeihen." Schließlich zündest du die rosarote Kerze an und sprichst: „Venus wird den Segen geben und die Liebe in den Himmel heben." Jetzt gehst du in Gedanken wieder zu deinem Bild. Stell dir vor deinem inneren Auge vor, wie ihr beide in einen Dialog treten. Habt ihr euch etwas zu sagen?

Nutze die Botschaften als neue Erkenntnisse auf dem Weg deiner Partnersuche. Beende das Bild, indem du euch beide in einer liebevollen Umarmung hältst.

Talisman, um die Liebe anzuziehen
Ich und Du
Ganz und gar bin ich aus Liebe gemacht
Die Göttin hat mich genährt und gepflegt
Hat in mich das Korn ihrer Liebe gelegt.
Nun treff ich auf dich und ich
Fürchte mich nicht, denn auch dich
Hat sie gemacht und ihre Liebe hat
Dich zu mir bewegt.

Dieses Gedicht kannst du nutzen, um einen Talisman herzustellen, mit dem du deinen Gefährten anziehen möchtest. Du kannst dazu eine Art Magnet nutzen, um einen passenden Partner anzuziehen. Talismane wurden früher oft aus Naturmaterialen, etwas später dann auch aus Papier gefertigt. Besorge dir Pergamentpapier, Birkenblätter, Eichenrinde und ein Stück Bast. Wenn du den Talisman um den Hals tragen willst, brauchst du noch eine Leder- oder Baumwollschnur dafür. Außerdem benötigst du eine weiße Kerze und einen Zahnstocher oder eine Nadel.
Schreibe entweder das obige Gedicht auf das Pergamentpapier oder notiere die drei wichtigsten Eigenschaften, die dein Partner haben soll. Gehe dabei sehr überlegt vor. Geld ist gut, aber ohne Treue wird dir ein reicher Mann wahrscheinlich Schmerz zufügen. Treue ist auch sehr wichtig, aber ein armer Schlucker, der dir von früh bis spät treu zur Seite steht, könnte dir irgendwann auf die Nerven gehen. Familiensinn ist eine gute Eigenschaft, doch willst du in die Rolle des Kindes gesetzt werden? Überlege also sehr

gründlich, notfalls auch ein paar Tage länger, darauf kommt es meist nicht an. Diesen Talisman solltest du bei Neumond fertigen, dann hat er die größte Wirkung. Wenn dein Papier fertig ist, gibt die Eichenrinde darauf, ebenso die Birkenblätter. Birkenblätter ziehen die unschuldige Liebe an und Eichenrinde die Männlichkeit. Wenn du eine Frau anziehen willst, ersetze die Eichenrinde durch Apfelkerne. Falte das Papier so, dass du bei Bedarf deine Lederkordel hindurchziehen kannst. Jetzt umwickle deinen Talisman mit Bast und verknote ihn fest. Auf den Knoten tropfst du Kerzenwachs. Als Frau, die einen Mann anziehen will, ritzt du jetzt in das Wachs eine Spirale im Uhrzeigersinn. Wenn eine Frau angezogen werden soll, ritzt du die Spirale entgegen dem Uhrzeigersinn ein. In die Mitte stichst du mit der Nadel/dem Zahnstocher und sagst dabei laut und deutlich: „So sei es!"
Trage den Talisman immer bei dir, schon vor dem nächsten Vollmond sollte seine Anziehungskraft sich erwiesen haben.

❂ *Amulett, um den falschen Partner abzuwehren*

Manche Menschen haben ein großes Talent dazu, immer wieder den gleichen Typ und damit falschen Partner anzuziehen. Manchmal ist die Prägung aus der Kindheit so stark, dass immer wieder alte Muster auftauchen, sobald ein Beziehungspartner nur am Horizont zu erahnen ist. Unsere Seele macht das schon ganz richtig. Der Schmerz will überwunden werden und deshalb kommen wir immer wieder in ähnliche Situationen, bis wir uns darin bewähren. Doch die Magie hat Möglichkeiten, damit endgültig Schluss zu machen. Allerdings bedeutet das, dass du bereit sein musst, die alten Muster loszulassen, endgültig. Und du musst dir im Klaren darüber sein, dass du dann auch die Vorteile der alten Prägungen nicht mehr zur Verfügung hast. Es hört sich vielleicht verrückt an, aber der Mensch, der immer wieder von seinem

Partner oder seiner Partnerin durch Untreue verletzt wird, kann zumindest auf das Mitgefühl der Umgebung zählen. Und Mitgefühl als zwischenmenschliche Zuwendung ist nicht von der Hand zu weisen. Mach dir das bitte ganz deutlich, bevor du das Amulett zum Schutz vor dem falschen Partner herstellst.
Du brauchst für dieses Amulett schwarzen Tonkarton und ein schwarzes Lederband sowie einen weißen Buntstift und Klebstoff. Außerdem kannst du Perlen, Pailletten oder andere Schmuckstückchen verwenden. Schneide aus dem Karton zwei gleichgroße Scheiben mit einem Durchmesser von etwa 3 cm aus. Auf die erste Scheibe malst du nun entweder ein trauriges Gesicht oder Tränen in Tropfenform. Auf die zweite Scheibe malst du ein deutliches Kreuz. Klebe die beiden Hälften so aufeinander, dass die bemalten Seiten innen liegen. Eine Seite kannst du jetzt verzieren wie es dir gefällt. Bring das Lederband so an, dass du dein Amulett um den Hals tragen kannst. Trage es immer, wenn du ausgehst, um es wirken zu lassen.

❂ *Tipps fürs Schlafzimmer*

Ich arbeite in der spirituellen und psychologischen Beratung viel mit Paaren, die Hilfe bei der Beziehungsarbeit suchen. Meist frage ich zuerst nach dem Schlafzimmer. Für viele ist das Schlafzimmer eine Pennkammer. Das gilt nicht für moderne Hexen. Im Schlafzimmer findet das Fest der körperlichen Liebe statt. Außerdem ruht das Paar hier von der gemeinsamen Arbeit für die gemeinsame Arbeit aus. Ein Fernseher, ein PC und Gerümpel gehören dort nicht hin. Das Schlafzimmer ist der intime Raum eines Paares. Also darf hier auch nur die Beziehung eine Rolle spielen. Ich möchte nicht mal einen Kleiderschrank im Schlafzimmer stehen haben, geschweige denn Omas alten Fernsehsessel und die rostige Hantelbank von Onkel Kalle. Das Einzige, was in ein Schlafzimmer gehört, wenn ein Paar nicht zur WG mit Sex-Anteil verkommen will, ist eine Schlafstelle und alles, was die fünf Sinne brauchen. Also etwas für die Ohren, etwas für die Nase, den Tastsinn, den Geschmackssinn und die Optik. Natürlich kann der Partner alle Sinne ansprechen, aber eine Musikanlage und eine Duftlampe, Kerzen oder Spiegel und eine kleine Nascherei sind auch nicht zu verachten. Sex ist Sinnlichkeit. Lass niemals zu, dass deine Sinne durch irgendetwas von dir und deinem Partner abgelenkt werden.

Bei jungen Eltern darf das Kind selbstverständlich im Schlafzimmer schlafen, aber man hat ja nicht immer ein Baby, oder? Und bitte, liebe Hexe, keine Rechnungen, kein Geld, keine Gurkenmaske und kein Schmutz im Schlafzimmer. Will ein Paar seinen Sex wieder in Schwung bringen, lohnt es sich, gemeinsam das Schlafzimmer wieder fit zu machen. Das wirkt oft schon Wunder. Düfte für das Schlafzimmer sind Lavendel, Ylang-Ylang und spezielle Mischung, die eine erotisierende Wirkung haben. Jedes Paar muss selbst herausfinden, was beiden gleichermaßen gefällt. Aufregende Farben wie Rot und Orange sollten in jedem Fall vorgezogen werden und auch eine rote Glühbirne hat eine anregende Wirkung, ebenso frische Blumen. Partnerschaftlicher Sex kann spannend und aufregend sein, wenn man wach bleibt und sich nicht gehen lässt.

Hexenkinder

Hexen lieben Kinder, schon allein deshalb, weil Kinder das Wesen der Natur so deutlich und wach in sich tragen. Kinder sind Pflanzen, die gepflegt werden müssen, um wachsen zu können. Hexen betrachten ihre Kinder nicht als ihren Besitz, denn alle Menschen, auch die Kinder der Hexen, sind Kinder der Schöpfung. Hexen werden ihre Kinder nicht unmündig und abhängig machen, sondern ihnen zugestehen, sich so zu entfalten, wie sie gedacht sind. Jedes Kind ist ein wundervolles, perfektes Wesen, auch wenn es nicht immer so ist, wie wir Erwachsenen es gern hätten. Ein Kind ist weder praktisch noch still und leise. Es lebt, wie ein Baum oder jedes andere Lebewesen auch.

❂ *Ritual für eine gute Beziehung zu Kindern*

Ritualbedarf: weiße Ritualkerze, Schutzkerze, Blüten von verschiedenen Blumen.

Nimm dir Zeit für das Ritual und reinige zuerst dich und dann deine Ritualgegenstände. Lege aus den Blüten deinen Schutzkreis. Ruf in Gedanken den Schutz des Lichts an, während du die Schutzkerze entzündest. Zünde jetzt die weiße Kerze an und sprich dabei: „Kinder sind so bunt wie unsere Erde rund. Kinderseelen sind so frei, da ist kein bisschen Schuld dabei. Gib mir ein frohes Herz für jedes Kind, da wir beide Teil derselben Schöpfung sind. So sei es! So sei es! So sei es!"

Die Blumen aus dem Schutzkreis legst du in eine Wasserschale. Lass in den nächsten Tagen für eine halbe Stunde eine Kerze zwischen den Blüten schwimmen und wiederholde den Zauberspruch jeden Tag.

Ritual für den Schutz des eigenen Kindes

Für dein eigenes Kind darfst du selbstverständlich um Schutz bitten. Hierfür reinigst du dich und stellst deine Schutzkerze, ein Foto deines Kindes, deinen Kelch und eine Räucherung aus Kamille und Ahornrinde und Ahornlaub zusammen. Stell dich aufrecht hin und ziehe in Gedanken deinen Schutzkreis. Ruf die Wächter aus allen vier Himmelsrichtungen: „Wächter des Nordens, bringt Luft herbei, Wächter des Südens, bringt das Feuer, Wächter des Ostens, bringt mir das Wasser, und ihr Wächter des Westens, bringt mir Erde."

Dann entzünde deine Schutzkerze und das Räucherwerk. Hebe die Arme gerade zum Himmel und sprich: „Als Mutter dieses Kindes und Tochter der Göttin, ich will alle Energien zum Schutz ballen. Mein Kind soll sicher sein und aufstehen nach jedem Fallen. Haltet es frei von Mangel und Not, gebt ihm Liebe, Freiheit und Brot. Als Mutter dieses Kindes und als Tochter der Göttin, so sei es, denn ich will es!" (Väter verändern den Spruch bitte in die passende Form.) Bleibe noch eine Weile in deinem Schutzkreis sitzen. Fühle hinein in dein Tochtersein und in dein Muttersein. Begreife, dass du das Bindeglied warst zwischen dem Universum und deinem Kind. Erst jetzt entlasse die Wächter: „Ihr Wächter aller Winde, danke für eure Gaben. Sie bleiben hier und mein Kind soll an Feuer, Wasser, Erde, Luft sich laben."

Talisman und Schutz bei Ängsten vor Geistern

Hexenkinder machen genauso die Stufen der Entwicklungspsychologie durch wie andere Kinder auch. Da gibt es im frühen Grundschulalter häufig die Angst vor imaginären Geistern. Jetzt kann die moderne Hexe ihr Kind beruhigen und mit schützenden Elementen im Kinderzimmer arbeiten, damit das Kind von dieser natürlichen und gesunden Angst nicht allzu sehr gequält wird.

Bei einem meiner Kinder habe ich die Gardinenstangen durch dünne Buchenäste ersetzt und ein Windspiel aus Glöckchen und Buchenholz ins Fenster gehängt. So wusste es, die Buche hält das Böse fern und sollte es doch einmal nicht funktionieren, schlagen die Glöckchen Alarm. Allerdings muss das Fenster dann nachts geschlossen sein, sonst schlägt der Wind Alarm, und zwar die ganze Nacht über. Unter das Bett des Kindes kannst du mit ihm gemeinsam Brennnesseln legen – jedes Kind wird verstehen, das imaginäre Geister die Brennnesseln nicht mögen und sich lieber fernhalten.
Du kannst mit deinem Kind einen Talisman herstellen, indem du einen Spaziergang im Wald machst. Das Kind soll achtsam auf seinen Weg schauen und nach einem Gegenstand suchen, den der Wald zu seinem Schutz auf den Weg gelegt hat. Es wird sicher fündig werden: eine Buchecker, eine Eichel oder ein besonderes Aststück. Sag deinem Kind, dieses Geschenk sei so klein, dass es in die Hosentasche passt. Parallel sammelst du ein paar trockene Waldfundstücke für eine Räucherung. Zuhause wird aus dem Geschenk des Waldes ein Talisman gemacht. Ihr könnt beispielsweise Papier oder eine Schleife darum wickeln. Dann räucherst du für dein Kind das Räucherwerk, das du gesammelt hast, damit der Talisman mit der Kraft des Waldes aufgeladen wird. Jetzt kann das Kind seinen Talisman immer bei sich tragen und hat damit die Kraft des Waldes zu seinem Schutz zur Verfügung.

Hilfe für ein geplagtes Schulkind

Schule ist Arbeit. Darin sollten wir uns einig sein. Schule heute ist nicht mehr so wie früher. Schule ist Stress, Gewalt, Druck und Angst geworden. Wenn dein Kind unter dem Druck und der Unruhe in der Schule zu leiden hat, dann geh mit ihm nach draußen und sucht gemeinsam einen Stein, der genau in die Hand des Kindes passt. Zuhause malt ihr mit einem geeigneten Stift eine Feder auf den Stein. Erkläre deinem Kind, dass der Stein die Leichtigkeit der Luft enthält. Wenn er in der Hand des Kindes liegt, befreit er den Geist und lässt die Gedanken fliegen. Der Stein kann deinem Kind als Talisman bei Klassenarbeiten helfen, dem Leistungsdruck und der Unruhe im Klassenzimmer gewachsen zu sein.

❂ *Ordnung ins Kinderzimmer hexen*

Kinder räumen nicht gern auf, da sind Hexenkinder nicht anders als Kinder aus weniger magischen Familien. Allerdings haben sie einen großen Vorteil: Sie können ihr Kinderzimmer in Ordnung hexen: „Hex, Hex, Hexenwerk. Die Unordnung ist nur ein Zwerg. Ich bin schon groß und hab viel Kraft. Im Nu ist Ordnung hier geschafft." Sprich diesen Spruch gemeinsam mit deinem Kind und räum dann mit ihm auf. Zur Belohnung darf das Kind in jede Ecke des Zimmers eine Süßigkeit legen, um gute Geister anzuziehen. Sind ausreichend gute Geister vorhanden, darf das Kind die Süßigkeiten selbstverständlich essen, denn das nächte Aufräumen kommt bestimmt.

❂ *Einen Grünen Mann basteln*

Wenn der Sommer kommt, zeige deinem Kind die Üppigkeit der Natur. Nimm einen Pappteller und bastle einen Grünen Mann. Hierfür brauchst du besonders viel Eichenlaub, aber auch alles andere, was dem Kind gut gefällt. Klebe die Dinge zu einem Gesicht auf den Pappteller. Dieser Grüne Mann ist eine schöne Raumdeko und führt das Kind in den Naturkreislauf ein, wenn du ihn als Anfang nutzt, und gemeinsam mit deinem Kind im Laufe der Jahreszeiten nach dem gleichen Muster Hexenjahreszeitenpuppe herstellst. Diese Bastelidee eignet sich auch für Kindergeburtstage. Dann sollen die Kinder bei einer Wanderung Sachen suchen. Durch ein kleines Naturquiz mit Preisen kannst du die Wanderung noch aufregender gestalten. Zuhause werden dann zum Abschluss der Party Naturmasken hergestellt, die die Kinder mitnehmen können.

Geburtstagskerze mal anders

In den meisten Familien gibt es den Brauch der Geburtstagskerze. Jedes Familienmitglied hat seine eigene Kerze. Wir haben eine Familienkerze, die in jedem Hexenjahr erneuert wird und so gestaltet wird, dass sie uns allen gefällt. Da wir auch die Sitte haben, mit geschlossenen Augen die Kerze auszupusten und uns dabei etwas zu wünschen, wünschen wir alle mit der gleichen Kerze, und zwar ein ganzes Hexenjahr lang. Unsere Kinder nehmen dadurch das Hexenjahr wahr und die Tatsache, dass wir in der Familie ein Team sind.

Verwandtschaft

Hexen haben einen biologischen Körper und damit auch eine biologische Verwandtschaft. Es kann aber vorkommen, dass gerade Hexen sich in ihrer biologischen Sippe nicht gut aufgehoben fühlen. Normalerweise wird die Hexe die Seelenverwandten vorziehen, denn die teilen ihren gegenwärtigen Lebensweg und ihre Lebenserfahrungen. Oft können die biologischen Eltern und Geschwister mit dem Leben und dem Gefühlsleben der Hexe wenig anfangen. Es bringt sie durcheinander und stört manchmal die Ordnung, die sich die „normalen" Menschen für ihr Leben zurechtlegen. Allein schon die Familienfeiern stellen für beide Seiten eine Herausforderung dar. Während die Familien gern alles beim Alten belassen und viele Gespräche mit „Weißt du noch, damals ..." beginnen, zappelt die Hexe normalerweise ungeduldig auf ihrem

Stuhl herum, denn in ihr wirkt die Hexenregel „Lerne!“ So langweilt sie sich bisweilen und hält aus Höflichkeit aus. Leider wachsen Hexen selten in einer Hexenfamilie auf, oft stehen die Angehörigen sogar scheinbar auf genau der anderen Seite des Lebens. Wenn die moderne Hexe trotzdem Wert auf einen guten Kontakt zu ihrer Verwandtschaft wünscht, kann sie nur an sich selbst arbeiten, um es nicht zu unliebsamen Begegnungen kommen zu lassen. Wenn die eigene Familie einen anderen spirituellen Weg wählt, hat es die weiße Hexe schwer. Weiße Magie ist keine Religion und sollte als Lebenshaltung von allen gläubigen Menschen, ganz gleich, wie sie ihren Gott nennen, praktiziert werden können. In den Wortreligionen gibt es keinen Unterschied zwischen den Lehren der Religionsgründer und den Überzeugungen der weißen Magie. Das folgende Märchen möge dich trösten, wenn es mal wieder ganz dunkel scheint zwischen dir und deiner Familie.

Die vier Söhne

Es war vor langer, langer Zeit, als die Bäume noch sprachen und die Flüsse noch sangen. Es war in einer Zeit, in der die Menschen noch nichts anderes interessierte als das Leben. Diese Zeit lag noch vor der Zeit der Indianer oder der Chinesen, vor der Zeit der Teilung der Kontinente und noch weit vor dem Turmbau zu Babel.

In dieser fernen Zeit waren alle Menschen gesund. Sie lebten, das war alles. Sie hatten keine Uhren, denn sie fühlten den Augenblick. Sie hatten keinen Kalender, denn sie kannten die rechte Zeit. Sie hatten keine Landkarten, denn sie spürten den Geist eines Ortes. Sie fühlten sich eins mit der Weltenseele. Die Weltenseele bestand aus dem Bewusstsein aller Menschen und das Bewusstsein der

Menschen war die Weltenseele. So floss die Kraft des Lebens hin und her zwischen der Weltenseele und allen Geschöpfen. Zu dieser Zeit gab es Männer und Frauen, Söhne, Töchter, Mütter und Väter. Sie lebten zusammen, sie wuchsen und gediehen vom Säugling bis zur Weisheit. Je mehr sie wuchsen, umso enger kamen sie hinein in den Kern der Weltenseele, und wenn sie in der innersten Mitte waren, verschmolzen sie mit ihr. Da war auch eine Mutter, die hatte vier Söhne zur Welt gebracht. Gemeinsam mit den anderen Müttern und Vätern versorgte diese Mutter ihre Kinder und sang ihnen Lieder von der Weisheit der Weltenseele. Sie zeigte ihren Söhnen, wie der Lauf des Lebens bis zur Weisheit aussah, daher malte sie Spiralen an die Steinwände und legte Spiralen aus Steinen auf den Boden. Sie lehrte sie die Pflanzen und Tiere verstehen und lieben. Sie sagte zu jedem einzelnen Sohn: „Schau, hier außen fängst du an und wenn du am Ziel bist, bist du ganz innen." Sie waren lebendig miteinander und wuchsen gemeinsam. Eines Tages kam ein Mann zu dieser Gruppe und sprach etwas von neuen Orten, neuen Pflanzen, neuen anderen Lebewesen, von Fortschritt, Führungspositionen und der Macht der Väter. Die Männer der Gruppe hörten aufmerksam zu und berieten sich mit den Frauen. Es wurde entschieden, dass die Männer dem Besucher folgen sollten, um zu schauen, was es mit seinen Schilderungen auf sich hatte.

Die Frauen mit den Söhnen, Töchtern und den Weisen warteten lange, doch die Männer kehrten nicht zurück. Die Weltenseele wurde traurig und die Menschen teilten diese Traurigkeit. Die Söhne wollten nicht mehr wachsen und entdeckten Zorn auf ihre Mutter. Sie traten die Spirale mit Füßen und verspotteten das Heiligtum der Gruppe, den Fünfzack, der alles Leben mit Kopf, Armen und Beinen abbildete. Sie entschieden, nicht mehr den Weg des Weltenlaufs bis in die Mitte hinein zu verfolgen, verschlossen ihr Herz gegen die Weltenseele und stahlen sich eines Nachts davon.

Die Mutter verging fast vor Kummer, doch sie war sich sicher, dass der Fünfzack ihre Söhne auch in der Ferne beschützen würde. So vergingen viele Jahre und die Mutter wurde alt und weise. Eines Tages, als sie in der Nacht besonders engen Kontakt mit der Weltenseele gefunden hatte, erblickte sie am Horizont eine Gestalt. Als sie näher kam, erkannte die Mutter voller Freude ihren ältesten Sohn. Er war in fremde Kleider gehüllt, sein Kopf, dort wo das Universum seine Liebe in den Menschen gießt, hatte er bedeckt. Er kam näher und setzte sich zu seiner Mutter ans Feuer. Sie war froh über sein Kommen und ließ ihn erzählen. Er sprach von einer Organisation, von Mitgliedern und Rechten und Pflichten. Sein Gesicht war traurig, obwohl er sein neues Leben in vollen Zügen lobte. Es sprach von Feindschaft und Schuld und von Kampf und Sieg. Seine Mutter schüttelte den Kopf. „Wir haben nie so etwas gebraucht. Die Weltenseele ist frei und gut, warum beschwerst du dein Herz, mein Sohn?“, fragte sie. „Frei und gut“, der Sohn lächelte spöttisch, „so steigt keiner auf. Und schließlich geht es um Recht und Ordnung, hier bei Euch tobt ein Chaos, ihr seid altmodisch.“
„Nimm mich mit, in deine Welt“, bat die Mutter, „dann kann ich bei dir sein und dir vielleicht helfen.“
Der Sohn lachte. „Ich bin gekommen, mein Erbe zu holen. Du passt nicht in mein Leben. Ich habe Frauen, so viele ich will, und Söhne, die mir gehorsam sind. Was will ich mit dir?“ Und er ging in das Zelt der alten Frau und holte einige Gegenstände, die dem Vater gehört hatten. Im Stillen summte er ein Lied aus seiner Kindheit. Dann küsste er seine Mutter und zog davon. Vorher legte er einen Steinwall um das Dorf, damit die Mutter ihm nicht folgen möge.
Das wiederholte sich mit den drei übrigen Söhnen der Mutter. Sie alle sprachen von neuen Gesetzen, neuen Propheten, von Macht und Gesetz. Sie alle holten ein Teil ihres Erbes. Räucherwerke und Lichter, Kessel und Farben, Elixiere und Öle, alle Aufzeichnungen

nahmen sie mit. Sie alle summten die Lieder aus der Kindheit, doch keiner wollte seine Mutter mitnehmen. Jeder Einzelne baute den Wall ein wenig höher und der letzte, der schon der Schrift kundig geworden war, stellte ein Schild auf, auf dem stand: *Achtung, Gefahr, hinter diesem Wall verbirgt sich das Böse, hier wohnt eine Hexe.*
Die Mutter sitzt noch heute dort mit der Spirale und dem Fünfzack, mit ihren Riten und ihrer Liebe zum Leben. Sie geht immer tiefer ein in den Mittelpunkt der Weltenseele. Manchmal sitzt sie an einem Wasser und schaut hinein. Sie kann ihre Söhne sehen, wie sie die Lehren der Alten verbreiten und Organisationen gründen. Sie sieht einen Sohn räuchern und Menschen auf den Scheiterhaufen stellen. Sie sieht einen anderen sich geißeln und von seinen Anhängern loben, da wird ihr ganz übel. Sie sieht sie das Lichterfest feiern und das Erntefest, das Fruchtbarkeitsfest, doch diese Feste haben jetzt andere Namen und überall ist Lärm, Getöse und Marktgeschrei. Sie sieht, dass ein Sohn die Frauen als unrein verdammt und seine Kinder schlägt. Die Mutter sieht Reiter mit Waffen, die im Namen der Weltenseele die Erde verwüsten. Sie preisen die alten Überlieferungen als eigene Erfindungen und lassen sich feiern und mit Macht ausstatten. Sie sieht die Söhne im Streit, jeder stellt dem anderen nach, sie können sich nicht mehr leiden.
Dann seufzt die Mutter, denn vieles von dem, was die Söhne machen, haben sie von ihr gelernt, doch haben sie wohl das Ziel und den Ursprung, das Leben dabei vergessen. Sie fragt die Weltenseele, warum ihre Söhne sie vergessen haben, und die Weltenseele antwortet liebevoll: „Sie haben dich nicht vergessen, sie haben dich verkauft. Du hast sie die Macht über ihr eigenes Leben gelehrt, doch die Macht über andere ist ihnen reizvoller."
So wartet die Mutter darauf, im Mittelpunkt der Weltenseele zu verschwinden und die Menschen in den neueren Regionen fürchten, sie könne sich ihnen nähern und ihre Botschaft des Lebens könnte

wieder gehört werden. Dabei wissen sie nicht, dass der Fünfzack sie weiter beschützt und das Leben sie weiter bedingungslos liebt. Sie haben die Mutter aus ihrem Bewusstsein verbannt und stattdessen einen neuen Lehrer gefunden. Sie folgen nun der Angst, dem Abbild ihres Gewissens und ihrer Einsamkeit.

Kleines magisches Lexikon

✪ *Altar*

Ein Altar ist der Platz, an dem ein Ritual oder ein Zauber durchgeführt wird. Ein Hexenaltar ist geschmückt mit den Symbolen für die vier Elemente. Für das Feuer steht die Schutzkerze, für das Wasser entweder der mit Wasser gefüllte Kelch oder eine Schale Wasser. Die Erde wird durch Blumen, Steine, Kräuter oder das Räucherwerk dargestellt und die Luft durch den Rauch der Räucherung oder durch einen Schal, eine Feder oder den Ritualdolch. Jedes Element darf mehrmals, muss aber mindestens einmal auf dem Altar vertreten sein. Auch die vier Erzengel vertreten die Elemente. Auf einem Altar stehen zusätzlich immer eine Schutzkerze und die entsprechende Ritualkerze. Ein Pentagramm gehört auf jeden Altar, selbst wenn es nur aufgezeichnet ist. Der Kelch darf ebenfalls nicht auf einem echten Hexenaltar fehlen. Ein Altartuch aber ist nur eine Zierde, durchaus erlaubt, aber nicht notwendig.

✪ *Amulett*

Ein Amulett ist ein kleines Symbol zum Schutz vor negativen Kräften. Es gibt Amulette für spezielle Zwecke oder auch allgemeiner Natur. Der heilige Christopherus der Autofahrer ist beispielsweise ein Amulett. Auch das Kettchen mit dem Schutzengelchen, das viele christliche Eltern ihren Kindern zur Taufe schenken, ist streng genommen ein Amulett.

Elemente

Vor der Entwicklung der modernen Naturwissenschaften musste sich jeder Forscher auf reine Beobachtungen verlassen. Man sah genau hin, forschen durfte man nicht, und es fehlten auch die entsprechenden Instrumente. Diese Art der wissenschaftlichen Arbeit heißt „empirisch". So kam der Mensch im Altertum zu der Überzeugung, dass die vier Bestandteile des Lebens Feuer, Wasser, Erde und Luft waren – die Lehre von den vier Elementen. Wir nutzen diese Lehre heute, um uns daran zu erinnern, dass wir keinen Aspekt des Lebens auslassen wollen, wenn wir Magie betreiben.

Kelch

Der Kelch steht für Mutter Erde. Er birgt das Geheimnis des Lebens, deshalb ist er meist mit Wasser gefüllt, wenn er auf dem Altar steht. Der Kelch ist gleichzeitig das Vorbild der weißen Hexe. Die weiße Hexe lässt sich unendlich vom Universum füllen und verströmt diese Energie dann auf der Erde.

Knotenzauber

Der Knotenzauber ist ein sehr alter Zauber, der schon im Altertum bekannt war. Auch die Gedächtnishilfe „Knoten im Taschentuch" geht auf den Knotenzauber zurück. Ursprünglich wurde in eine Kordel etwas hinein geknotet, was die Hexe binden wollte. Etwas Positives blieb dadurch bei ihr, sie trug den Knoten stets bei sich. Etwas Negatives wurde dadurch gefesselt, dann wurde der Knoten fern vom Haus der Hexe vergraben. Die meisten modernen Hexen knoten ihren Wunsch ein, nachdem sie ihn auf ein Stück Papier geschrieben haben.

❂ *Pentagramm*

Das Pentagramm stellt das Leben dar. Die fünf Spitzen stehen für die vier Elemente und den Geist. Zum Pentagramm gibt es seitenlange Abhandlungen, doch an dieser Stelle sei nur erwähnt, dass es sich wohl um das älteste Schutzsymbol der Menschheit handelt. Weiße Hexen arbeiten nicht ohne Pentagramm. Normalerweise trägt die Hexe auch ein Pentagramm am Körper, ein Ritual ohne Pentagramm ist nicht denkbar. Pentagramme, ganz gleich wie sie stehen, haben nichts mit modernem Satanismus oder alter Teufelsanbetung zu tun. Weiße Hexen glauben nicht an die Existenz eines Teufels.

❂ *Räucherung*

Rauchopfer wurden zu allen Zeiten erbracht. Sie galten als Opfergaben an die Götter im Pantheon (Götterhimmel). Priester und Druiden lasen aus dem Rauch die Zukunft für ein bestimmtes Unternehmen heraus. Wir modernen Hexen räuchern für unsere innere Ruhe und um die ätherischen Öle in den Materialien freizusetzen, die einen Einfluss auf Körper und Seele haben. Bestimmte Räuchermittel sind den einzelnen Lebensaspekten zugeordnet, die wir gern mit den Namen der antiken Götterwelt bezeichnen (Beispiel: Merkur - Lavendel - Loslassen/Kontakt zur Intuition aufnehmen).

❂ *Reinigung*

Die Reinigung ist bei den Hexen eine ganz bedeutsame Angelegenheit. Wir reinigen grundsätzlich Körper, Geist und Seele, bevor wir eine magische Handlung vollziehen, denn wir wollen kein unreines Werk tun. Reinigung geht vonstatten mit fließendem Wasser, durch Einreiben mit Salz oder durch reinigenden Rauch (Salbei).

Ritual

Rituale sind Handlungen der Versenkung, in denen es darum geht, sich mit allen kosmischen und irdischen Energien zu verbinden. Durch ein Ritual soll eine Verbesserung der eigenen oder fremder Lebensumstände erreicht werden. Diese Verbesserung ist in der weißen Magie aber grundsätzlich davon abhängig, dass des Menschen Wille im Einklang mit den universellen Gesetzen steht.
Rituale bestehen für gewöhnlich aus drei Teilen:

- Anrufung der Schutz- und Lichtgeister, Elemente oder Wächter, Verschmelzung mit der Weltenseele
- Ausrufung eines Wunsches/Zaubers
- Dank und Entlassung der helfenden Energien

Es gibt verschiedenste Rituale, wobei sich die Rituale der weißen Magie meist auf Liebe, Erfolg, Gesundheit und Schutz beziehen. Das Hexenwerk kann allein vollbracht werden, doch schöner ist, die Magie in der Gruppe zu erleben. Bestandteil aller Rituale sind die Schutzkerze, das Pentagramm und jeweils ein Symbol für jedes der vier Elemente Feuer, Wasser, Erde und Luft.

Ritualkerze

Ritualkerzen sind immer durchgefärbt, denn Hexen legen viel Wert auf Inhalte und halten nichts von Oberflächlichkeiten. Die Ritualkerzen sind bestimmten Anliegen durch ihre Farbe zugeteilt.

Runen

Runen sind Zeichen, die bestimmte Aspekte des Lebens darstellen. Gleichzeitig sind die Runen mit Buchstaben vergleichbar. Jede Rune der 24 Zeichen trägt einen Laut als Buchstaben und eine Qualität. Runen werden für magische zwecke, als Talismane und zum Orakeln genutzt. Früher gab es nur Runen aus Buchenholz, inzwischen sind Runen aus allen Materialien erhältlich.

❂ *Salz*
Salz ist ein kostbarer Stoff gewesen, bevor er zum Alltagsgewürz wurde. Wegen seiner Reinheit wurde es als Reinigungsmittel für Ritualgegenstände genutzt, auch heute können wir Gegenstände mit Salz abreiben, um Wasser zu sparen.

❂ *Schutzkerze*
Die Schutzkerze ist die Kerze, die die Hexe immer anzündet, wenn sie sich der Magie zuwendet. Sie kann ein Pentagramm tragen und hat immer eine der beiden Schutzfarben Weiß oder Schwarz.

❂ *Schutzkreis*
Der Schutzkreis hüllt dich und deinen Ritualplatz ein, während du magisch tätig bist. Er wird meist in Gedanken oder aus Salz gezogen. Auch mit dem Dolch oder mit Wasser kann ein Schutzkreis aufgebaut werden. Der Schutzkreis verhindert, dass störende Einflüsse dich und deine Konzentration stören.

❂ *Siegel*
Ein Siegel ist eine Bestätigung, eine Befestigung. Wenn du etwas besiegelst, dann ist es nicht wieder auflösbar. Siegel sind mit Pentagrammen oder Spiralen oder auch deinen Initialen im Handel erhältlich. Du kannst deinen Zauber aber auch mit Kerzenwachs und deinem Daumenabdruck versiegeln.

❂ *Talisman*
Der Talisman ist ein Begleiter, der positive Energien trägt. Hast du deinen Talisman bei dir, wirken diese positiven Energien für dich.

❂ *Wächterruf*

Der Wächterruf dient deiner Konzentration auf die Energien, die du bündeln und nutzen willst. Normalerweise ruft man die Wächter aus jeder Himmelsrichtung, doch man kann auch allgemein die Kräfte des Lichts rufen. Nach dem Ritual müssen die Wächter auch wieder entlassen werden.

Die 13 Lebensregeln der weisen Frauen sind ein umfassender Leitfaden zu Lebensklugheit und Weisheit.

Für jede Hexenregel gibt es passende Übungen, Verhaltenstipps sowie Affirmationen und abschließend eine Meditation, um auch die psychische Qualität der Hexenregel zu erfassen.

Die psychologische Beraterin Stefanie Glaschke bildet seit Jahren weise Frauen und moderne Hexen aus.

Stefanie Glaschke
Das Seelenwissen der weisen Frauen
Die 13 Regeln der Weisheit

155 Seiten · Broschur
ISBN 978-3-89901-191-3

Lüchow
www.luechow-verlag.de